14

历史卷

柏杨全集

人民文学出版社

图书在版编目(CIP)数据

柏杨全集:限量版.14/柏杨著.—北京:人民文学出版社,2010

ISBN 978-7-02-008000-7

Ⅰ.柏… Ⅱ.柏… Ⅲ.①柏杨(1920~2008)-全集 ②帝王-家族-世系-中国-年表 Ⅳ.C52

中国版本图书馆 CIP 数据核字(2010)第 049014 号

责任编辑:宋　强
装帧设计:翁　涌
责任印制:张文芳

14 历史卷

柏杨全集

《中国帝王皇后亲王公主世系录》（下）

目　录

中国帝王皇后亲王公主世系录(下)

第四篇·皇后篇

第五篇・亲王篇

第六篇·公主篇

第七篇·后　表

中国帝王皇后亲王公主世系录（下）

【第四篇·皇后篇】

传说时代

其夫	称号	姓名	籍贯	亲属	婚卒年龄	卒年	子女	备注
少典		任姒(女登)		有娇氏			神农氏	
		附宝		有娇氏			姬轩辕(一任帝)	
一任帝(黄帝)姬轩辕	正妃	嫘祖	西陵				玄嚣·昌意	
	妃	女节		方雷氏			己挚(二任帝)	
	妃	彤鱼氏					夷鼓	
	妃	嫫母					苍林	
昌意		昌仆(女枢)		蜀山氏			姬颛项(三任帝)	
三任帝(玄帝)姬颛项		胜坟氏					穷蝉	
四任帝(佶帝)姬夋	元妃	姜原		有邰氏			姬弃(周王朝始祖)	
		简狄		有绒氏			殷契(商王朝始祖)	
		庆都					伊祁放勋(六任帝)	
		陬訾					姬挚(五任帝)	
六任帝(唐尧帝)伊祁放勋	妃	女皇		散宜氏			伊祁丹朱	
	妃	女莹						
七任帝(虞舜帝)姚重华		娥皇		父伊祁放勋			姚商均	溺死
		女英		父伊祁放勋				溺死

三代

夏

其夫	称号	姓名	籍贯	亲属	婚卒年龄	卒年	子女	备注
姒鲧		女志		华氏			姒文命（一任帝）	
一任帝（禹）姒文命		女娲		涂山氏			姒启（二任帝）	
五任帝 姒相		缗		有仍氏			姒少康（八任帝）	
八任帝 姒少康		姚		有虞氏				
十九任帝（桀）姒履癸		妺喜		有施氏				流死

商

其夫	称号	姓名	籍贯	亲属	婚卒年龄	卒年	子女	备注
子主癸		扶都					子天乙（一任帝）	
一任帝（成汤）子天乙		有莘					子太丁（太子）	被杀
三十一任帝（纣）子辛		妲己		有苏氏				被杀

周

其夫	称号	姓名	籍贯	亲属	婚卒年龄	卒年	子女	备注
王季 姬季历	妃	太任		父 挚任			姬昌（文王）	
文王 姬昌	文母	太姒		父 华姒			姬发（一任王）	
一任王（武）姬发	妃	姜	齐国	父 姜尚			姬诵（二任王）	

十一任王（宣）姬靖	献后	姜	齐国					
十二任王（幽）姬宫涅		后	申	申国			姬宜臼（十三任王）	
		后	褒姒	褒国			姬伯服（太子）	自杀
十五任王（庄）姬佗		姬	姚				姬颓	
十七任王（惠）姬阆		惠后	陈妫				姬带（二十一任王）	
二十任王（襄）姬郑		后	翟叔隗	翟国				被杀

秦

其夫	称号	姓名	籍贯	亲属	婚卒年龄	卒年	子女	备注
一任王 （惠） 嬴驷 第一代	惠太后						嬴荡 （二任王）	
	宣太后 ·八子	芈	楚国	弟 芈戎 弟 魏冉			嬴稷 （三任王） 嬴悝 （泾阳君） 嬴显 （高陵君）	
二任王 （武） 嬴荡 第二代	悼武 王后							
三任王 （昭襄） 嬴稷 第二代	太后 ·八子	唐					嬴柱 （四任王）	
四任王 （孝文） 嬴柱 第三代	华阳 太后	芈	楚国					
	太后·姬	夏				前 240	嬴异人 （五任王）	
五任王 （庄襄） 嬴异人 第四代		赵	赵国			前 228	嬴政 （一任帝）	

西汉

其夫	称号	姓名	籍贯	亲属	婚卒年龄	卒年	子女	备注
太上皇 刘执嘉	昭灵皇后	王含始（刘媪）				前205	刘邦（一任帝）	被杀
一任帝 高祖 刘邦 第一代	高皇后	吕雉（娥姁）	单父	父 吕文		前180	刘盈（二任帝） 鲁元公主	
	夫人·姬	戚懿	定陶			前194	刘如意（赵王）	被杀
	夫人	赵子儿						
	夫人	管						
	孝文太后·姬	薄	吴国	母 魏氏 弟 薄昭 前夫 魏豹		前155	刘恒（五任帝）	
二任帝（惠）刘盈 第二代	孝惠皇后	张嫣	大梁	父 张敖 母 鲁元公主		前163		幽死
四任帝（少）刘弘 第三代	少帝皇后	吕		父 吕产				

五任帝（文）刘恒 第二代	孝文皇后	窦	清河观津	兄 窦长君 弟 窦广国（少君）		前135	刘启（六任帝） 刘武（梁孝王） 刘嫖（馆陶公主）	
	夫人	慎	赵国					
	妃	尹						
六任帝（景）刘启 第三代	孝景皇后	薄	吴国	姑祖 孝文太后		前147		前151年被废
	孝景皇后	王娡	扶风槐里	父 王仲 母 臧儿 前夫 金王孙 弟 田蚡		前126	平阳公主 南宫公主 隆虑公主 刘彻（七任帝） 修成君	
	姬	栗	齐国			前150	刘荣（临江王）	忧死
七任帝（武）刘彻 第四代	孝武皇后	陈娇	东阳	父 陈午 母 馆陶公主				被废
	思皇后	卫子夫	平阳	母 卫媪 弟 卫青 姊子 霍去病		前91	刘据（卫太子）	自杀
	婕妤	尹						

	夫人	李	中山	兄 李延年 兄 李广利			刘髆 （昌邑哀王）	
	夫人	王	邯郸				刘齐怀	
	钩弋夫人 ·孝昭太皇 ·婕妤	赵	河间	姑 赵君姁			刘弗陵 （八任帝）	
八任帝 （昭） 刘弗陵 第五代	孝昭皇后	上官	陇西上邽	祖父 上官桀 外祖父 霍光 父 上官安	6 52	前 37		
卫太子 刘据 第五代	戾皇后	史	鲁国	兄 史恭 母 贞君		前 91	刘进 （史皇孙）	被杀
史皇孙 刘进 第六代	悼皇后	王翁须	涿郡蠡吾	父 王乃始 兄 王无故	16 21	前 91	刘询 （十任帝）	
十任帝 （宣） 刘询 第七代	恭哀皇后	许平君	昌邑山阳	父 许广汉	16 19	前 71	刘奭 （十一任帝）	毒死
	孝宣皇后	霍成君	河东平阳	父 霍光	17 33			废死

	孝宣皇后 ·邛城太后 ·婕妤	王	长陵	父 王奉光	17 33	前 36		
十一任帝 （元） 刘奭 第八代	孝元皇后 （长信宫）	王政君	魏郡元城	父 王禁 母 李亲 侄 王莽	18 84	后 13	刘骜 （十二任帝）	新室 文母
	孝元皇后 ·昭仪 （永信宫）	傅	河内温县	侄 傅喜 侄 傅晏		前 2	子 刘康 （定陶王） 孙 刘欣 （十三任帝）	
	中山太后 ·昭仪	冯媛	上党潞县	父 冯奉世 弟 冯参		前 6	子 刘兴 （中山王） 孙 刘衎 （十四任帝）	自杀
十二任帝 （成） 刘骜 第九代	孝成皇后	许	昌邑山阳	父 许嘉 姑 许平君		前 8		被杀
	孝成皇后	赵飞燕		父 赵临		前 1		自杀

	昭仪	赵合德		父 赵临 姊 赵飞燕		前 7		自杀
	婕妤	班	安陵	兄 班彪 侄 班固 侄 班超				
定陶恭王 刘康 第九代	孝哀太后 (中安宫)	丁	山阳瑕丘	兄 丁忠 兄 丁明		前 5	刘欣 (十三任帝)	
十三任帝 (哀) 刘欣 第十代	孝哀皇后	傅	河内温县	父 傅晏		前 1		自杀
中山孝王 刘兴 第九代	中山王后	卫	中山卢奴				刘衎 (十四任帝)	
十四任帝 (平) 刘衎 第十代	孝平皇后	王	魏郡元城	父 王莽	13 32	后 23	(黄皇室主)	自焚

东汉

其夫	称号	姓名	籍贯	亲属	婚卒年龄	卒年	子女	备注
一任帝（光武）刘秀 第一代	光武皇后	郭圣通	真定藁县	父 郭昌 母 刘氏 弟 郭况	18 46	52	刘强（东海王）	被废
	光烈皇后	阴丽华	南阳新野	父 阴陆 母 邓氏	19 60	64	刘庄（二任帝）	
二任帝（明）刘庄 第二代	明德皇后·贵人	马	扶风茂陵	父 马援 母 宋扬姑	13 40	79		
	贵人	贾	南阳				刘炟（三任帝）	
三任帝（章）刘炟 第三代	章德皇后	窦	扶风平陵	父 窦勋 母 沘阳公主 兄 窦宪		97		
	恭怀皇后·贵人	梁	安定乌氏	父 梁竦 兄 梁商	16 22	83	刘肇（四任帝）	忧死
	敬隐皇后·贵人	宋	扶风平陵	父 宋扬 母 王氏		82	刘庆（清河王）	自杀

四任帝（和）刘肇 第四代	孝和皇后	阴	新野	父 阴纲		102		废死
	和熹皇后	邓绥	新野	祖父 邓禹 父 邓训 母 阴氏	16 41	121		
清河王（孝）刘庆 第四代	孝德皇后·姬	左小娥	犍为武阳	父 左仲躬			刘祜（六任帝）	
六任帝（安）刘祜 第五代	安思皇后	阎姬	河南荥阳	父 阎畅 弟 阎显 母 宗氏		126		死于离宫
	恭愍皇后·宫人	李				115	刘保（八任帝）	毒死
八任帝（顺）刘保 第六代	顺烈皇后	梁妠	安定乌氏	父 梁商 姑 恭怀皇后 兄 梁冀	45	150		
	贵人·大家	虞					刘炳（九任帝）	

渤海王（孝）刘鸿 第六代	渤海王妃	陈	魏郡				刘缵（十任帝）	
蠡吾侯刘翼 第五代	孝崇皇后	匽明				152	刘志（十一任帝）	
十一任帝（桓）刘志 第六代	懿献皇后	梁莹	安定乌氏	父梁商 兄梁冀 姊顺烈皇后		159		忧死
	孝桓皇后	邓猛女（梁）	新野	父邓香 母宗氏 祖姑和熹皇后				死于暴室
	桓思皇后	窦妙	扶风平陵	父窦武		172		
	采女	田圣				167		被杀
解渎亭侯刘苌 第六代	孝仁皇后（永乐宫）	董	河间	兄董宠 侄董重		189	刘宏（十二任帝）	自杀
十二任帝（灵）刘宏	孝灵皇后	宋	扶风平陵	父宋酆		178		死于暴室

第七代	灵思皇后	何	南阳宛城	父 何真 兄 何进		189	刘辩 (十三任帝)	毒死
	灵怀皇后 ·美人	王	赵国	父 王璋 兄 王斌		181	刘协 (十四任帝)	毒死
十四任帝 (献) 刘协	孝献皇后	伏寿	琅邪东武	父 伏完 母 阳安公主		214		被杀
第八代	献穆皇后	曹节		父 曹操		260		
	贵人	董		父 董承				被杀
	夫人	曹宪		父 曹操				
	夫人	曹华		父 曹操				
	贵人	宋		父 宋泓				

曹魏

其夫	称号	姓名	籍贯	亲属	婚卒年龄	卒年	子女	备注
武帝 曹操	夫人	刘						
第一代	夫人	丁						
	夫人	尹		前夫 何咸				
	武宣皇后 （永寿宫）	卞	琅邪开阳	父 卞远 母 周氏 弟 卞秉		229	曹丕 （一任帝） 曹植 （陈思王）	
一任帝 （文） 曹丕	文昭皇后	甄洛	中山无极	父 甄逸 前夫 袁熙	21 40	221	曹叡 （二任帝） 东乡公主	被杀
第二代	文德皇后 （永安宫）	郭女王	安平广宗	父 郭永 母 董氏	50	235		被杀
二任帝 （明） 曹叡	明悼皇后	毛	河内	父 毛嘉 母 夏氏		237		被杀
第三代	明元皇后 （永宁宫）	郭	西平	父 郭满 母 杜氏		263		

		虞	河内					
三任帝 曹芳 第四代	皇后	甄				251		
	皇后	张		父 张缉		254		被废
	皇后	王		父 王夔				
四任帝 曹髦 第四代	皇后	卞		父 卞隆 母 刘氏				

蜀汉

其夫	称号	姓名	籍贯	亲属	婚卒年龄	卒年	子女	备注
一任帝（昭烈）刘备 第一代	昭烈皇后	甘	沛县			245	刘禅（二任帝）	
	穆皇后（长乐宫）	吴苋	陈留	兄 吴壹 前夫 刘瑁		245		
	夫人	孙	吴郡富春	父 孙坚 兄 孙权				
二任帝刘禅 第二代	敬哀皇后（大张后）	张	涿郡	父 张飞		237		
	皇后（小张后）	张	涿郡	父 张飞				
	昭仪	李						

东吴

其夫	称号	姓名	籍贯	亲属	婚卒年龄	卒年	子女	备注
武烈帝孙坚 第一代	武烈皇后	吴	吴郡钱塘	弟吴景		202	孙策(长沙桓王)孙权(一任帝)	
一任帝(大)孙权 第二代	夫人	谢	会稽山阴	父谢照				
	夫人	徐	吴郡富春	父徐琨 前夫陆尚				废死
	皇后·夫人	潘	会稽豫章			252	孙亮(二任帝)	缢死
	皇后·夫人	步	临淮淮阴			238	孙鲁班(大虎)孙鲁育(小虎)	
	大懿皇后·夫人	王	琅邪	父王卢九		245	孙和(太子)	忧死
	敬怀皇后·夫人	王	南阳	弟王文雍			孙休(三任帝)	
	夫人	袁		父袁术				
二任帝孙亮 第三代	皇后	全惠解		父全尚				被杀
三任帝(景)孙休 第三代	景皇后(安定宫)	朱		父朱据		265		

皇太子孙和 第三代	文皇后（升平宫）	何	丹阳句容	父何遂			孙皓（四任帝）	
四任帝孙皓 第四代	皇后	滕		父滕牧				
	美人	张		父张布				被杀
	左夫人	张		父张布 前夫冯纯				

晋

其夫	称号	姓名	籍贯	亲属	婚卒年龄	卒年	子女	备注
宣帝 司马懿 第一代	宣穆皇后	张春华	河内温县	父 张汪 母 山氏	59	247	司马师 （景帝） 司马昭 （文帝）	
景帝 司马师 第二代	景怀皇后	夏侯徽	谯郡谯县	父 夏侯尚 母 曹氏	24	234		毒死
	景献皇后 （弘训宫）	羊徽瑜	泰山南城	父 羊衡 母 蔡氏	65	278		
文帝 司马昭 第二代	文明皇后	王元姬	东海郯县	祖父 王朗 父 王肃 母 羊氏	52	268	司马炎 （一任帝） 司马攸 （齐王）	
一任帝 （武） 司马炎 第三代	武元皇后	杨艳	弘农华阴	父 杨文宗 母 赵氏	37	274	司马衷 （二任帝） 司马柬 （秦王）	
	武悼皇后	杨芷	弘农华阴	父 杨骏 母 庞氏	20 36	292		饿死
	贵嫔	左棻	齐国临淄	父 左雍 兄 左思				
	贵嫔	胡芳	安定临泾	父 胡奋			武安公主	

	夫人	李					子　司马晏 （吴王） 孙　司马邺 （六任帝）	
	怀皇太后 ·中才人	王媛姬					司马炽 （五任帝）	
二任帝 （惠） 司马衷 第四代	惠皇后	贾南风	平阳	父 贾充 妹 贾午 母 郭槐		300	临海公主	被杀
	惠皇后	羊献容	泰山南城	父 羊玄之 母 孙氏				再嫁 刘曜
	夫人·才人	谢玖				299	司马遹 （愍怀太子）	被杀
五任帝 （怀） 司马炽 第四代	怀皇后	梁兰璧	安定	父 梁芳				失踪
琅邪王 司马觐 第三代	琅邪太妃	夏侯光姬 （铜环）	谯郡谯县	父 夏侯庄		301	司马睿 （七任帝）	
七任帝 （元） 司马睿 第四代	元敬皇后	虞孟母	济阳外黄	父 虞豫 母 王氏	35	312		
	豫章郡君 ·宫人	荀		后夫 马氏		335	司马绍 （八任帝） 司马裒 （琅邪王）	

	简文太后·夫人	郑阿春	河南荥阳	父 郑恺 前夫 田氏		326	司马昱（十四任帝）寻阳公主	
八任帝（明）司马绍 第五代	明穆皇后	庾文君	颍川鄢陵	父 庾琛 兄 庾梁	32		司马衍（九任帝）司马岳（十任帝）	忧死
九任帝（成）司马衍 第六代	成恭皇后	杜陵阳	京兆	曾祖 杜预	16 21	341		
	章太妃·贵人	周				363	司马丕（十二任帝）司马奕（十三任帝）	
十任帝（康）司马岳 第六代	康献皇后（崇德宫）	褚蒜子	河南阳翟	父 褚褒	61	384	司马聃（十一任帝）	
十一任帝（穆）司马聃 第七代	德章皇后（永安宫）	何法倪	庐江	父 何准	66	404		
十二任帝（哀）司马丕 第七代	哀靖皇后	王穆之	太原晋阳	父 王濛 母 爰氏		365		

十三任帝 司马奕 第七代	孝皇后	庾道怜	颍川鄢陵	父 庾冰 兄 庾希		366		
十四任帝 （简文） 司马昱 第五代	顺皇后	王简姬	太原晋阳	父 王遐		348	司马道生 （会稽世子）	忧死
	孝武文太后 ·宫人 （崇训宫）	李陵容				400	司马曜 （十五任帝）	
十五任帝 （孝武） 司马曜 第六代	定皇后	王法慧	太原晋阳	父 王蕴 姑 王穆之	21	380		
	安德太后	陈归女	松滋浔阳	父 陈广			司马德宗 （十六任帝）	
	贵人	张						
十六任帝 （安） 司马德宗 第七代	安僖皇后	王神爱	琅邪临沂	父 王献之 母 新安公主	13 19	412		
十七任帝 （恭） 司马德文 第七代	恭思皇后	褚灵媛	颍川阳翟	父 褚爽	53	346		

五胡乱华十九国

成汉

其夫	称号	姓名	籍贯	亲属	婚卒年龄	卒年	子女	备注
景帝 李特	皇太后	罗					李雄 (一任帝)	
一任帝 (武)李雄 第一代	皇后	任						
四任帝 (昭文) 李寿 第一代	皇后	阎						
	皇后	李		父 李凤			李势 (五任帝)	
五任帝 李势 第二代	皇后	李						

汉赵

刘豹	皇后	呼延		父 呼延翼			刘渊 (一任帝)	
一任帝 (光文) 刘渊 第一代	皇后	呼延		弟 呼延攸			刘和 (二任帝)	
	光献皇后 ·帝太后	张				313	刘聪 (三任帝)	
	皇太后	单		父 单征		310	刘乂 (皇太弟)	自杀
三任帝 (昭武) 刘聪	上皇后	靳月光		父 靳准				自杀

第二代

右皇后·皇太后	靳月华		父靳准				
左皇后	刘		祖父刘殷				大刘贵人
贵妃	刘		祖父刘殷				小刘贵人
弘孝皇后	王		义父王沈				
中皇后	宣		义父宣怀				
弘道皇后	樊						
弘德皇后	武						
武孝皇后	张		姑光献张皇后	313			
武元皇后	呼延				312	刘粲（四任帝）	
武德皇后·贵嫔	刘英		父刘殷		312		大刘后
武宣皇后·贵嫔	刘娥		父刘殷				小刘后
皇后·贵人	张徽光		父张寔				

	贵人	张丽光		父 张寔				
四任帝(隐) 刘粲 第三代	皇后	靳					刘元公 (太子)	被杀
宣成帝 刘绿 第一代	宣明皇太后	胡				318	刘曜 (五任帝)	被杀
五任帝 刘曜 第二代	献文皇后	羊献容	泰山南城	父 羊玄之 前夫 司马衷			刘熙 (太子)	
	元焯皇后	卜		兄 卜泰			刘胤 (南阳王)	
	皇后	刘		叔 刘昶 叔 刘皑		326		
	皇后	刘芳		父 刘皑				

后赵

元帝 石周	元昭皇后	王					石勒 (一任帝)	
一任帝 (明) 石勒 第一代	皇后	刘				337		被杀
	皇太后	程		兄 程遐		338	石弘 (二任帝)	被杀
三任帝 (武) 石虎 第二代	夫人	郭		兄 郭荣				被杀
	夫人	崔	清河					被杀

	皇后	郑樱桃				349	石邃 （太子） 石遵 （五任帝）	被杀
	天王皇后	杜珠	安定			348	石宣 （太子）	被废
	皇后	刘		父 刘曜		349	石世 （四任帝）	被杀
五任帝 石遵 第三代	皇后	张				349		被杀

冉魏

高帝 冉瞻	皇太后	王					冉闵 （一任帝）	
一任帝 冉闵 第一代	皇后	董					冉智 （太子）	

前秦

一任帝 （景明） 苻健 第一代	明德皇后	强		弟 强平 弟 强德		356	苻苌 （太子） 苻生 （二任帝）	忧死
二任帝 苻生 第二代	皇后	梁		父 梁安 兄 梁楞		355		被杀
文桓帝 苻雄 第一代	皇太后	苟					苻坚 （三任帝）	
三任帝 （宣昭） 苻坚	皇后	苟						

第二代	皇后	杨						
	夫人	张				385		自杀
四任帝（哀平）苻丕 第三代	皇后	杨				386	苻宁（太子）	被杀
五任帝（高）苻登	皇后	毛		父 毛兴		389		被杀
第四代	皇后	李	陇西					改嫁姚晃

后秦

一任帝（武昭）姚苌	皇后	蚍	南安				姚兴（二任帝）	
第一代	皇后	孙						
二任帝（文桓）姚兴 第二代	皇后·昭仪	张						
	皇后·昭仪	齐						

西秦

二任王（武元）乞伏乾归	梁王后	苻		兄 苻登				
第一代	秦王后	边					乞伏炽磐（三任王）	

三任王 （文昭） 乞伏炽磐 第二代	王后	秃发		父 秃发傉檀 兄 秃发武台		414		被杀
	左夫人	秃发		姊 秃发王后				

前燕

一任帝 （文明） 慕容皝	文明皇后	段					慕容儁 （一任帝）	
	文昭皇后	兰					慕容垂 （后燕 一任帝）	
二任帝 （景昭） 慕容儁 第一代	景昭皇后	可足浑					慕容暐 （三任帝）	
	景德皇后 ·昭仪	段						
三任帝 （幽） 慕容暐 第二代	皇后	可足浑		父 可足浑翼 姑 景昭可足 浑后				

后燕

一任帝（武成）慕容垂 第一代	皇太后·夫人	段				359	慕容令（世子）慕容宝（二任帝）	被杀
	成哀皇后	段元妃		父 段仪		396	慕容朗 慕容鉴	被杀
	吴王妃	可足浑						
二任帝（惠愍）慕容宝 第二代	献幽皇后	丁				402	慕容盛（三任帝）	被杀
	皇后	段						
四任帝（昭文）慕容熙 第二代	皇后·贵嫔	苻训英		父 苻谟		407		
	昭仪·贵人	苻娀娥		父 苻谟		404		

南燕

一任帝（献武）慕容德 第一代	皇后	段季妃		父 段仪				
二任帝 慕容超 第二代	皇后	呼延		父 呼延平				
	夫人	魏						

北燕

一任帝（惠懿）高云 第一代	天王后	李					高彭城（太子）	
二任帝（文成）冯跋 第一代	王后	孙						
	夫人	宋					冯爱居	
三任帝（昭成）冯弘 第一代	王妃	王					冯崇（长乐公）冯朗（广平公）	
	皇后	慕容					冯王仁（太子）	

前凉

二任王（文）张骏 第一代	大王太后	严						
	王太后	马				363	张重华（三任王）	
	太妃·美人	刘					张天锡（七任王）	
三任王（桓）张重华 第二代	王后	裴				353		被杀
	太妃·夫人	郭					张玄靓（四任王）	

五任王 (威) 张祚 第二代	王后	辛					张太和 (太子)	
七任王 张天锡 第二代	左夫人	焦					张大豫 (世子)	
	姬	阎						自杀
	姬	薛						自杀

后凉

一任帝 (懿武) 吕光 第一代	天王后	石					吕绍 (二任帝)	
	夫人	赵					吕纂 (三任帝)	
三任帝 (灵) 吕纂 第二代	穆皇后	杨		父 杨桓		400		自杀
文帝 吕宝 第一代	皇太后	卫					吕隆 (四任帝)	
四任帝 吕隆 第二代	皇后	杨						

西凉

一任王 (武昭) 李暠 第一代	王后	尹	天水	前夫 马元正				

北凉

二任王 （武宣） 沮渠蒙逊 第一代	王后	孟						
三任王 （哀） 沮渠茂虔 第二代	王后	李敬受		父 李暠				西凉公主
	王后	拓跋		父 拓跋嗣 兄 拓跋焘				北魏武威公主

南凉

三任王 秃发傉檀 第一代	王后	折掘					秃发武台 （太子）	

胡夏

桓帝 刘卫辰	桓文皇后	苻					赫连勃勃 （一任帝）	
一任帝 （武烈） 赫连勃勃 第一代	皇后	梁						

南宋

其夫	称号	姓名	籍贯	亲属	婚卒年龄	卒年	子女	备注
孝穆帝 刘翘	孝穆皇后	赵安宗	下邳僮县	父 赵裔 母 孙氏			刘裕 （一任帝）	
	孝懿皇后	萧文寿	兰陵	父 萧卓 母 赵氏	81	423	刘道怜 （长沙王） 刘道规 （临川王）	
一任帝 （武） 刘裕 第一代	敬皇后	臧爱亲	东莞	父 臧儁 母 叔孙氏	48	408	会稽公主	
	章皇后 ·婕妤	胡道女	淮南		42	411	刘义隆 （三任帝）	被杀
	皇太后 ·营阳王 太妃	张				426	刘义符 （二任帝）	
二任帝 （少） 刘义符 第二代	皇后 ·营阳国 王妃 ·南丰王 太妃	司马茂英	河内温县	父 司马德文	47	439	晋海盐公主	
三任帝 （文） 刘义隆 第二代	元皇后	袁齐妫	陈郡阳夏	父 袁湛之 母 王氏	36	440	东阳公主 刘劭 （四任帝）	
	昭皇后 （崇宪宫）	路惠男	丹阳建康	父 路兴之 母 徐氏	55	466	刘骏 （五任帝）	暴死

	宣皇后·婕妤	沈容			40	453	刘彧（七任帝）	
	淑妃	潘					刘濬（始兴王）	被杀
四任帝 刘劭 第三代	皇后	殷玉英	陈郡长平	父 殷冲	15 32	453		被杀
五任帝 （孝武） 刘骏 第三代	文穆皇后 （永训宫）	王宪嫄	琅邪临沂	父 王偃	38		山阴公主 刘子业 （六任帝）	
	宣贵妃	殷 （刘）	丹徒京口	父 刘义宣		462		刘骏从妹
六任帝 （前废） 刘子业 第四代	献皇后	何令婉	庐江	父 何瑀	17	461		
七任帝 （明） 刘彧 第三代	恭皇后 （弘训宫）	王贞风	琅邪临沂	父 王僧朗 兄 王景文	44	479		
	贵妃	陈妙登	丹阳	前夫 李道儿			刘昱 （八任帝）	
	太妃	陈法容	丹阳				养子刘准 （九任帝）	
八任帝 （后废） 刘昱 第四代	皇后	江简珪	济阳考城	祖父 江智渊				
九任帝 （顺） 刘准 第四代	皇后	谢梵境		祖父 谢庄				

南齐

其夫	称号	姓名	籍贯	亲属	婚卒年龄	卒年	子女	备注
宣帝 萧承之	孝皇后	陈道正	临淮东阳	父 陈肇之 母 胡氏	73		萧道成（一任帝）	
一任帝（高）萧道成 第一代	昭皇后	刘智容	广陵	父 刘寿之 母 桓氏	50	472	萧赜（二任帝） 萧嶷（豫章王）	
二任帝（武）萧赜 第二代	穆皇后	裴惠昭	河东闻喜	父 裴玑之 母 檀氏		480	萧长懋（文惠太子） 萧子良（竟陵王）	
文惠太子 萧长懋 第三代	安皇后（宣德宫）	王宝明	琅邪临沂	父 王晔之 母 桓氏	58	512	萧昭业（三任帝）	
三任帝 萧昭业 第四代	皇后	何婧英	庐江	父 何戢 母 宋氏				
四任帝 萧昭文 第四代	皇后	王韶明	琅邪临沂	父 王慈				
五任帝（明）萧鸾 第二代	敬皇后	刘惠瑞	彭城	祖父 刘道弘 父 刘通 母 王氏		489	萧宝卷（六任帝） 萧宝融（七任帝）	
六任帝 萧宝卷	皇后	褚令璩	河南阳翟	父 褚澄				被废

第三代	贵妃	潘玉奴（儿）				501		自缢死
七任帝（和）萧宝融 第三代	皇后	王蕣华	琅邪临沂	祖父王俭				

南梁

其夫	称号	姓名	籍贯	亲属	婚卒年龄	卒年	子女	备注
文帝 萧顺之	献皇后	张尚柔	范阳方城	父 张穆之		471	萧懿 （长沙王） 萧衍 （一任帝）	
一任帝 （武） 萧衍 第一代	德皇后	郗微	高平金乡	父 郗晔 母 寻阳公主	32			
	穆贵嫔	丁令光	谯国	父 丁道迁	14 42	526	萧统 （昭明太子） 萧纲 （二任帝）	
	文宣皇后	阮令嬴 （石）	会稽余姚	父 石齐 母 陈氏 前夫 萧迳光	67	540	萧绎 （四任帝）	
二任帝 （简文） 萧纲 第二代	简皇后	王灵宾	琅邪临沂	祖父 王俭 父 王骞	45	549	萧大器 （哀太子）	
昭明太子 萧统 第二代	敬皇后 （金华宫）	蔡					子　萧欢 （豫章王） 孙　萧栋 （三任帝）	
三任帝 萧栋 第四代	皇妃	张						

四任帝 （元） 萧绎 第二代	王妃	徐昭佩	东海郯县	祖父 徐孝嗣 父 徐绲		549	子　萧方等 （世子） 女　萧含贞 （益昌公主）	被杀
	敬太后	夏	会稽				萧方智 （六任帝）	
六任帝 （敬） 萧方智第三代	皇后	王	琅邪临沂	父 王佥				

陈

其夫	称号	姓名	籍贯	亲属	婚卒年龄	卒年	子女	备注
景帝 陈文赞	安皇后	董					陈霸先 (一任帝)	
一任帝 (武) 陈霸先 第一代	武昭皇后	钱		父 钱仲方				
	武宣皇后 (慈训宫)	章要儿	吴兴乌程	父 章景明 母 苏氏	65	570	陈昌 (衡阳王)	
二任帝 (文) 陈蒨 第二代	皇后 (安德宫)	沈妙容	吴兴武康	父 沈法深 母 高氏			陈伯宗 (三任帝) 陈伯茂 (始兴王)	
三任帝 陈伯宗 第三代	皇后	王	琅邪临沂	父 王固				
四任帝 (宣) 陈顼 第二代	皇后	柳敬言	河东解县	父 柳偃	83	616	陈叔宝 (五任帝)	
五任帝 陈叔宝 第三代	皇后	沈婺华	吴兴武康	父 沈君理 母 会稽公主				失踪
	贵妃	张丽华				589	陈深 (皇太子)	被杀
	贵嫔	孔		义兄 孔范				

北魏

其夫	称号	姓名	籍贯	亲属	婚卒年龄	卒年	子女	备注
神元帝 拓跋力微	神元皇后	窦	皮鹿回部	父 窦宾				被杀
元帝 拓跋沙漠汗	文封皇后	封					拓跋猗㐌 （桓帝） 拓跋猗卢 （穆帝）	
	次妃	兰					拓跋弗 （思帝）	
桓帝 拓跋猗㐌	桓维皇后 （女国主）	祁			13		拓跋贺傉 （惠帝） 拓跋纥那 （炀帝）	
平文帝 拓跋郁律	平文皇后	王	广宁				拓跋什翼犍 （昭成帝）	
昭成帝 拓跋什 翼犍	夫人	慕容		兄 慕容皝				
	昭成皇后	慕容		父 慕容皝		360	拓跋寔 （献明帝）	
	献明皇后	贺	东部	父 贺野于 弟 贺悦	46	396	拓跋珪 （一任帝） 拓跋觚 （秦王）	
一任帝 （道武） 拓跋珪	道武皇后	慕容		父 慕容宝 母 孟氏				
第一代	宣穆皇后	刘		父 刘春			拓跋嗣 （二任帝） 华阴公主	被杀

	夫人	贺	东部	姊 献明皇后			拓跋绍 (清河王)	被杀
二任帝 (明元) 拓跋嗣	昭哀皇后 ·夫人	姚		父 姚兴		420		
第二代	密皇后	杜	魏郡邺城	兄 杜超		420	拓跋焘 (三任帝)	
	(保太后) (惠太后)	窦		弟 窦漏头	63	440		拓跋焘 乳母
三任帝 (太武) 拓跋焘	太武皇后	赫连		父 赫连勃勃		453		
第三代	敬哀皇后	贺	代郡			428	拓跋晃 (景穆太子)	
	左昭仪	闾					拓跋余 (四任帝)	
景穆太子 拓跋晃 第四代	恭皇后	郁久闾	河东	兄 郁久闾毗		451	拓跋濬 (五任帝)	
	(保太后) (昭太后)	常	辽西			460		拓跋濬 乳母
五任帝 (文成) 拓跋濬	文明皇后 ·贵嫔	冯	长乐信都	父 冯朗 母 王氏	49	490		

第五代	元皇后 ·贵人	李	梁国蒙县	父 李方叔 兄 李峻 前夫 拓跋仁		456	拓跋弘 （六任帝）	被杀
六任帝 （献文） 拓跋弘 第六代	思皇后 ·夫人	李	中山安喜	父 李惠	18	469	元宏 （七任帝）	被杀
七任帝 （孝文） 元宏	贞皇后	林	平凉	父 林胜 叔 林金闾			元恂 （太子）	被杀
第七代	孝文皇后	冯清	长乐信都	父 冯熙 母 博陵公主 姑 文明皇后				为尼
	幽皇后 ·昭仪	冯润	长乐信都	父 冯熙 母 常氏 弟 冯夙	14	499		被杀
	文昭皇后	高	勃海蓨县	父 高扬 兄 高肇	13	497	元恪 （八任帝）	暴死
八任帝 （宣武） 元恪	顺皇后	于	代郡	伯父 于烈 父 于劲	14			暴死

第八代	崇宪皇后·贵人	高		姑 文昭皇后 父 高偃 伯父 高肇	14		建德公主	暴死
	灵皇后 (崇训宫)	胡	安定临泾	父 胡国珍 母 皇甫氏		528	元诩 (九任帝)	沉于黄河
九任帝 (孝明) 元诩 第九代	孝明皇后	胡	安定临泾	父 胡盛 姑 灵皇后				为尼
十一任帝 (孝庄) 元子攸 第八代	孝庄皇后	尔朱英娥		父 尔朱荣 前夫 元诩		556		532年 嫁高欢
十五任帝 (孝武) 元修 第九代	孝武皇后	高		父 高欢				后嫁 元韶
十六任 (东)帝 (孝静) 元善见 第十代	孝静皇后	高		父 高欢				后嫁 杨遵彦
十六任 (西)帝 (文) 元宝炬 第九代	文皇后	乙弗	河南洛阳	父 乙弗瑗	16 31	540		被杀
	悼皇后	郁久闾		父 阿那瓌	14 16			

十七任 （西）帝 元钦 第十代	皇后	宇文		父 宇文泰				被杀
十八任 （西）帝 （恭） 拓跋廓 第十代	皇后	若干		父 若干惠				为尼

北齐

其夫	称号	姓名	籍贯	亲属	婚卒年龄	卒年	子女	备注
神武帝 高欢 第一代	武明皇后	娄昭君		父 娄内干	62	562	高澄 （勃海王） 高洋 （一任帝） 高演 （三任帝） 高湛 （四任帝）	
	彭城太妃	尔朱英娥		父 尔朱荣 前夫 元子攸		556	高浟 （彭城王）	被杀
		尔朱		父 尔朱兆 前夫 元晔			高湝 （任城王）	改嫁 卢景璋
	蠕蠕公主	郁久闾	柔然	父 阿那瓌 可汗				
	上党太妃	韩		兄 韩轨			高涣 （上党王）	
	凤翔太妃	郑大车		前夫 元修			高润 （冯翊王）	
	高阳太妃	游		父 游京之			高湜 （高阳王）	
文襄帝 高澄 第二代	敬皇后	元		父 元亶 兄 元善见			高孝琬 （河间王）	西魏 冯翊公主

一任帝（文宣）高洋 第二代	昭信皇后	李祖娥	赵郡	父 李希宗			高殷（二任帝）高绍德（太原王）	
	昭仪	段		兄 段韶				改嫁唐邕
	嫔	薛	邺城			555		被杀
三任帝（孝昭）高演 第二代	孝昭皇后	元（步六孤）	山东	父 元蛮				
四任帝（武成）高湛 第二代	武成皇后	胡	安定	父 胡延之 母 卢氏			高纬（五任帝）	
	弘德夫人	李	赵郡	父 李叔让				
五任帝 高纬 第三代	皇后	斛律		父 斛律光				改嫁元仁
	皇后·左昭仪	胡	安定	父 胡长仁 姑 武成皇后				改嫁
	皇后	穆黄花（舍利）		母 穆轻霄			高恒（六任帝）	
	左皇后·淑妃	冯小怜						改嫁宇文达，自杀

北周

其夫	称号	姓名	籍贯	亲属	婚卒年龄	卒年	子女	备注
文帝 宇文泰 第一代	文皇后	元		兄 元修 前夫 张欢		541	宇文觉 (一任帝)	北魏 平原 公主
	宣皇后	叱奴	代郡			616	宇文邕 (三任帝)	
一任帝 (孝闵) 宇文觉 第二代	孝闵皇后	元胡摩		父 元宝炬				北魏 晋安 公主
二任帝 (明) 宇文毓 第二代	明皇后	独孤		父 独孤信		560		
三任帝 (武) 宇文邕 第二代	武皇后 ·天元 皇太后	阿史那	突厥	父 木扞可汗	32	582		
	天元圣 皇太后	李娥姿			53	588	宇文赟 (四任帝)	581 年，出家为尼
四任帝 (宣) 宇文赟 第三代	天元皇后 (弘圣宫)	杨丽华	弘农华阴	父 杨坚 母 独孤氏	49	609		隋封 乐平 公主

	天大皇后	朱满月	吴郡		40	586	宇文阐（五任帝）	581 年，出家为尼
	天中皇后·德妃	陈月仪	颍川	父 陈山提				出家为尼
	天右皇后·贵妃	元乐尚	河南洛阳	父 元晟				出家为尼
	天左皇后·贵妃	尉迟繁炽		祖父 尉迟回 前夫 宇文温		595		出家为尼
五任帝（静）宇文阐 第四代	静皇后	司马令姬		父 司马消难				改嫁李丹

隋

其夫	称号	姓名	籍贯	亲属	婚卒年龄	卒年	子女	备注
武元帝 杨忠	元明皇后	吕					杨坚 (一任帝)	
一任帝 (文) 杨坚 第一代	文献皇后	独孤	河南洛阳	父 独孤信	14 59	602	杨勇(太子) 杨广 (二任帝) 杨俊(秦王) 杨秀(蜀王) 杨谅(汉王) 乐平公主	
	宣华夫人	陈		父 陈顼	29			
	容华 夫人	蔡	丹阳					
二任帝 (炀) 杨广 第二代	愍皇后	萧		父 萧岿 叔父 萧岌 舅 张轲		647	杨昭 (太子) 杨暕 (齐王)	
	嫔	萧					杨杲 (赵王)	
元德太子 杨昭 第三代	妃 ·良娣	韦					杨侑 (三任帝)	
	孝成皇后 ·良娣	刘					杨侗 (五任帝)	

唐

其夫	称号	姓名	籍贯	亲属	婚卒年龄	卒年	子女	备注
世祖 李昞	元贞皇后	独孤		父 独孤楚 弟 独孤怀恩			李渊 （一任帝）	
一任帝 高祖 李渊 第一代	太穆顺圣皇后	窦	京兆平陵	父 窦毅 母 宇文氏	45		李建成 （隐太子） 李世民 （二任帝） 李元吉 （齐王）	
二任帝 太宗 李世民 第二代	文德顺圣皇后	长孙无垢	河南洛阳	父 长孙晟 兄 长孙无忌	36		李承乾 （皇太子） 李治 （三任帝） 李泰 （濮王）	
	贤妃 ·才人	徐惠	湖州长城	父 徐孝德 侄 徐坚	24	650		
三任帝 高宗 李治 第三代	皇后	王	并州祁县	父 王仁祐 母 柳氏		655		被杀
	则天顺圣皇后	武曌	并州文水	父 武士彟 母 杨氏	81	705	李弘（太子） 李贤（太子） 李显 （四任帝） 李旦 （五任帝） 太平公主	

	良娣 ·淑妃	萧				655	李素节 （许王） 义阳公主 宣城公主	被杀
四任帝 中宗 李显 第四代	皇后	韦	京兆万年	父 韦玄贞 从兄 韦温		710	李重润 （太子） 安乐公主	被杀
	和思顺圣 皇后	赵	长安	父 赵怀 母 常乐公主				饿死
	昭容	上官婉儿		祖父 上官仪 父 上官庭芝 母 郑氏		710		被杀
五任帝 睿宗 李旦 第四代	肃明顺圣 皇后	刘		父 刘延景		693	李成器 （宁王）	被杀
	昭成顺圣 皇后	窦		父 窦孝谌 母 庞氏		693	李隆基 （九任帝） 金仙公主 玉真公主	被杀
九任帝 玄宗 李隆基 第五代	皇后	王	同州下邳	父 王仁皎 兄 王守一		724		废死
	贞顺皇后 ·惠妃	武		祖姑 武曌 父 武攸正	40	737	李瑁 （寿王） 李琦 （盛王） 李敏、李一、 咸宜公主	

	元献皇后	杨	华州华阴	父 杨知庆			李亨 （十任帝） 宁亲公主	
	梅妃	江采苹	福建莆田					
	贵妃	杨玉环	蒲州永乐	父 杨玄炎 兄 杨国忠 前夫 李瑁	38	756		被杀
十任帝 肃宗 李亨 第六代	皇后 ·良娣	张	邓州向城	父 张玄逸		762	李佳 （兴王）诏 李侗 （定王）	被杀
	章敬皇后	吴	濮阳	父 吴令桂	18		李豫 （十一任帝）	
十一任 帝代宗 李豫 第七代	睿贞皇后 ·宫人	沈	吴兴	父 沈易直			李适 （十二任帝）	失踪
	贞懿皇后	独孤		父 独孤颖			李迥 （韩王）	
齐王 李倓 第七代	恭顺皇后	张		父 张培 母 兴信公主				768年 冥婚
十二任 帝德宗 李适 第八代	昭德皇后	王		父 王遇			李诵 （十三任帝）	
	贤妃	韦				809		

十三任帝 顺宗 李诵 第九代	庄宪皇后 ·良娣	王	琅邪	父 王颜	54	815	李纯 (十四任帝) 李绾 (福王)	
十四任 帝宪宗 李纯 第十代	懿安皇后 ·贵妃	郭		祖父 郭子仪 父 郭暧 母 昇平公主		848	李恒 (十五任帝)	暴死
	美人	纪					李宁 (惠昭太子)	
	孝明皇后 ·宫人	郑		前夫 李锜		865	李忱 (十九任帝)	
十五任帝 穆宗 李恒 第十一代	恭僖皇后 ·(宝历太后)	王	越州	父 王绍卿 母 张氏		845	李湛 (十六任帝)	
	贞献皇后 ·宫人 (积庆宫)	萧	福建			847	李昂 (十七任帝)	
	宣懿皇后 ·宫人	韦					李炎 (十八任帝)	
十六任帝 敬宗 李湛 第十二代	贵妃	郭		父 郭义			李普 (晋王)	

十七任帝 文宗 李昂 第十二代	德妃	王					李永 （庄洛太子）	
十八任帝 武宗 李炎 第十二代	贤妃 ·才人	王	邯郸		13			自缢
十九任帝 宣宗 李忱 第十一代	元昭皇后 ·昭容	晁					李漼 （二十任帝）	
二十任帝 懿宗 李漼	惠安皇后 ·贵妃	王					李儇 （二十一任帝）	
第十二代	淑妃	郭					同昌公主	失踪
	恭宪皇后	王		弟 王环			李晔 （二十二任帝）	
二十二任 帝 昭宗 李晔	积善皇后	何	梓州			905	李裕 （二十三任帝） 李柷 （二十五任帝）	
第十三代	夫人	裴贞一				904		被杀
	昭仪	李渐荣				904		被杀

后梁

其夫	称号	姓名	籍贯	亲属	婚卒年龄	卒年	子女	备注
烈祖 朱诚	文惠皇后	王	辉州单父				朱全昱（广王） 朱存（朗王） 朱温（一任帝）	
一任帝 太祖 朱温 第一代	元贞皇后·夫人	张惠	辉州砀山	父 张蕤		904	朱友贞（三任帝）	
							朱友珪（二任帝）	
	昭仪	陈	宋州					909 年为尼
二任帝 朱友珪 第二代	皇后	张贞娘				913		被杀
三任帝（末）朱友贞 第二代	德妃	张		父 张归霸	24	915		
	妃	郭		父 郭归原				为尼

后唐

其夫	称号	姓名	籍贯	亲属	婚卒年龄	卒年	子女	备注
太祖李克用 第一代	秦国夫人·太妃	刘	代北			925		
	贞简皇后·太后	曹	太原			925	李存勖（一任帝）	
	魏国夫人	陈	襄州					出家为尼,法名智愿
一任帝庄宗李存勖 第二代	卫国夫人·淑妃	韩						936年，为契丹所掳
	燕国夫人·德妃	伊						936年，为契丹所掳
	神闵敬皇后	刘玉娘	魏州成安	父刘山人		926	李继岌（魏王）	出家为尼，旋被杀
	夫人	夏						赐李赞华，离婚，为尼
二任帝明宗李嗣源	和武宪皇后	曹				936	魏国公主	自焚

第二代	昭懿皇后	夏					李从荣（秦王）李从厚（三任帝）	
	宣宪皇后	魏	镇州平山	前夫王氏			李从珂（四任帝）	
	德妃·淑妃	王	邠州			947	养子李从益（许王）	被杀
三任帝（愍）李从厚 第三代	哀皇后	孔	汴州	父孔循		934		被杀
四任帝（末）李从珂 第三代	皇后	刘	应州浑源	父刘茂威 弟刘延皓		936		自焚

后晋

其夫	称号	姓名	籍贯	亲属	婚卒年龄	卒年	子女	备注
一任帝 高祖 石敬瑭 第一代	皇后	李	沙陀	父 李嗣源 母 曹氏		950		后唐晋国公主
宋王 石敬儒 第一代	太妃	安	代北			949	石重贵 （二任帝）	
二任帝 （出） 石重贵 第二代	皇后	张		父 张从训				
	皇后	冯	定州安喜	父 冯濛 兄 冯玉 前夫 石重胤				不知所终

后汉

其夫	称号	姓名	籍贯	亲属	婚卒年龄	卒年	子女	备注
显祖 刘琠	章懿皇后	安					刘知远 （一任帝） 刘崇 （三任帝）	
一任帝 高祖 刘知远 第一代	昭圣皇后	李	晋阳	弟 李业		954	刘承祐 （二任帝）	
二任帝 （隐） 刘承祐	夫人	张	潞州潞城	父 张彦威				
第二代	夫人	耿				950		

后周

其夫	称号	姓名	籍贯	亲属	婚卒年龄	卒年	子女	备注
庆祖 郭简	章德皇后	王					郭威 （一任帝）	
一任帝太祖 郭威 第一代	圣穆皇后	柴	邢州峣山			950		被杀
	淑妃	杨	镇州真定	父 杨弘裕 弟 杨廷璋 前夫 石光辅				
	贵妃	张	镇州真定	父 张同芝 前夫 武氏		950		
	德妃	董	常山灵寿	父 董光嗣 兄 董瑀 前夫 刘进超	39	953		
二任帝 世宗 郭荣 第二代	贞惠皇后	刘				950		被杀
	宣懿皇后	符		父 符彦卿 前夫 李崇训	26	956		
皇后 （周太后）	符			姊 宣懿皇后				

五代十一国

前蜀

其夫	称号	姓名	籍贯	亲属	婚卒年龄	卒年	子女	备注
一任帝高祖王建 第一代	顺德皇后	周	许州			918		
	贵妃	张	郪县				王宗懿(太子)	
	贤妃·皇太后	徐	成都	父徐耕		926	王衍(二任帝)	被杀
	花蕊夫人·太妃	徐	成都	父徐耕		926		被杀
二任帝王衍 第二代	皇后	高		父高知言				921年被废
	元妃	韦		祖父徐耕				
	昭仪	李舜絃	波斯	兄李珣				

南吴

其夫	称号	姓名	籍贯	亲属	婚卒年龄	卒年	子女	备注
太祖杨行密 第一代	夫人	史					杨渭(一任王)	
	皇太后	王				928	杨溥(二任帝)	
二任帝(让)杨溥 第二代	皇后·德妃	王						

桀燕

一任帝 刘守光 第一代	皇后	李				914		被杀
	妃	祝				914		被杀

南汉

一任帝高祖 刘龑 第一代	皇后	马		父 马殷		934		
四任帝 刘继兴 第三代	贵妃	李		父　李托				
	美人	李		父　李托				

闽

太祖 王审知	皇太 后	黄					王延钧 （一任帝）	
一任帝 惠宗 王延钧 第一代	皇后	刘						南汉 清远 公主
	皇后·淑妃	陈金凤				935		被杀
二任帝康宗 王继鹏 第二代	元妃	李		父 李敏				
	皇后·贤妃	李春燕				939		被杀
三任帝 景宗 王延羲 第一代	皇后	李		父 李真			王亚澄 （闽王）	
	贤妃	尚		父 尚保殷				

四任帝 王延政 第一代	皇后	张						

后蜀

一任帝 高祖 孟知祥 第一代	夫人	李	太原	父 李克让		932		后唐 福庆 公主
	皇后	李	太原			965	孟仁赞 (二任帝)	绝食卒
二任帝 孟仁赞 第二代	花蕊夫人	费	青城					

南唐

一任帝烈祖 李昇 第一代	元敬皇后	宋				945	李璟 (二任帝)	
	妃	种					李景逷 (保宁王)	942 年 改嫁
二任帝 元宗 李璟 第二代	圣尊皇后 ·光穆皇后	钟		父 钟泰章			李煜 (三任帝)	
三任帝 李煜 第三代	昭惠皇后	周娥皇						(大周后)
	皇后	周宧娘						(小周后)

宋

其夫	称号	姓名	籍贯	亲属	婚卒年龄	卒年	子女	备注
宣祖 赵弘殷	昭宪皇后	杜	定州安喜	父 杜爽 母 范氏	60	961	赵匡胤 （一任帝） 赵光义 （二任帝） 赵廷美 （秦王）	
一任帝 太祖 赵匡胤 第一代	孝惠皇后	贺	开封	父 贺景思	30	958	赵德昭 （燕王）	
	孝明皇后	王	邠州新平	父 王饶	22	963		
	孝章皇后	宋	河南洛阳	父 宋廷渥 母 刘氏	17 44	994		
二任帝 太宗 赵光义 第一代	淑德皇后	尹	相州邺城	父 尹廷勋 弟 尹崇柯				
	懿德皇后	符	陈州宛丘	父 符彦卿	34	975		
	明德皇后 （万安宫）	李	潞州上党	父 李处耘 母 陈氏	19 45	1004		
	元德皇后	李	真定	父 李英	34	977	赵元佐 （楚王） 赵恒 （三任帝）	

三任帝 真宗 赵恒 第二代	章怀皇后	潘	大名	父 潘美	22	989		
	章穆皇后	郭		父 郭守文 母 梁氏	32	1007		
	章献明肃皇后	刘娥	益州华阳	父 刘通 兄 刘美	65	1033		
	章懿皇后·宸妃	李	杭州	弟 李用和	46	1032	赵受益（四任帝）	
	保庆皇太后	杨	益州郫县	父 杨知俨 叔 杨知信 侄 杨永德	53	1063		
	昭静贵妃	沈		祖父 沈伦 父 沈继宗	83	1076		
四任帝 仁宗 赵受益 第三代	皇后	郭	应州金城	祖父 郭崇				废死
	慈圣光献皇后（庆寿宫）	曹	真定	祖父 曹彬 弟 曹佾	64	1079		

	温成皇后·贵妃	张	河南永安	父 张尧封 叔 张尧佐 母 钱氏	31	1054		
	贵妃·淑妃	苗	开封	母 许氏	69	1091		
	昭淑贵妃	周	开封		93			
	德妃	杨	定陶	父 杨忠	54	1072		
	贤妃	冯	东平	祖父 冯超	77			9 岁入宫
	淑妃	董		父 董禁资		1062		
五任帝英宗赵曙 第四代	宣仁圣烈皇后（宝慈宫）	高	亳州蒙城	父 高遵甫 母 曹氏姨 母 慈圣皇后	62	1093	赵顼（六任帝）赵颢（岐王）赵頵（嘉王）	
六任帝神宗赵顼	钦圣宪肃皇后（隆祐宫）	向	河内	曾祖 向敏中	56			
第五代	钦成皇后（圣瑞宫）	朱	开封	生父 崔杰 继父 朱士安 义父 任	51	1102	赵煦（七任帝）	

	钦慈皇后 ·美人	陈	开 封		32		赵佶 （八任帝）	
	婕妤·贤妃	林	南 剑	父 林洙		1090	赵俣 （燕王） 赵偲 （越王）	
	惠穆贤妃	武					赵佖 （吴王）	
七任帝 哲宗 赵煦	昭慈圣献 太后 （隆祐太后）	孟	洛 州	祖父 孟元	16 59	1135		
第六代	昭怀皇后 （元符皇后）	刘清菁			35	1113	赵茂 （献愍太子）	自缢
八任帝 徽宗 赵佶	显恭皇后	王	开 封	父 王藻	25	1108	赵桓 （九任帝）	
第六代	显肃皇后 （宁德太后）	郑		父 郑绅 侄 郑居中	52	1133		卒于 五国城
	懿肃贵妃	王					赵楷 （郓王） 赵植 （莘王） 赵机 （陈王）	

	显仁皇后（慈宁宫）	韦	开封	父 韦道安 弟 韦渊	80	1159	赵构（十·十二任帝）	
	贵妃	乔						卒于五国城
	明达皇后·贵妃	刘				1113	赵棫（济阳郡王）赵模（祁王）赵榛（信王）	
	明节皇后	刘		父 刘宗元	34	1121	赵瑛（建安郡王）赵椅（嘉国公）赵櫶（英国公）	
	妃	崔					赵椿（汉王）	被废
九任帝 钦宗 赵桓 第七代	仁怀皇后	朱	开封祥符	父 朱伯材 兄 朱孝孙				卒于五国城
十任帝 高宗 赵构 第七代	宪节皇后	邢	开封祥符	父 邢焕	34	1139		卒于均州
	宪圣慈烈皇后（德寿宫）（慈福宫）	吴	开封	父 吴近	14 83	1197		
	贤妃	潘	开封	父 潘永寿		1148	赵旉（十一任帝）	

	婉仪·贤妃	张	开封			1142	义子赵伯琮（十三任帝）	
	婉容·贵妃	刘	临安	父 刘懋		1187		
	才人·婉仪	刘		父 刘伉				被废
	婉容·贵妃	张	开封祥符			1190		
十三任帝 孝宗 赵伯琮	成穆皇后	郭	开封祥符	祖父 郭真卿 父 郭瑊	31	1156	赵惇（十四任帝）	
第八代	成恭皇后	夏	袁州宜春	父 夏协 弟 夏执中		1167		
	成肃皇后·寿成太后（重华宫）	谢（翟）	丹阳	弟 谢渊		1203		
	贵妃·婉容	蔡		父 蔡滂		1185		
	贤妃·婕妤	李				1183		

十四任帝 光宗 赵惇	慈懿皇后 （泰安宫）	李凤娘	安 阳	父 李道	56	1200	赵扩 （十五任帝）	
第九代	贵妃	黄				1191		被杀
十五任帝 宁宗 赵扩	恭淑皇后	韩	相 州	叔父 韩侂胄 父 韩同卿 母 庄氏		1200		
第十代	恭圣仁烈 皇后	杨	会 稽	兄 杨次山 侄 杨谷	71	1232		
	美人·贵妃	曹						
十六任帝 理宗 赵贵诚 第十一代	寿和圣通 皇后	谢道清	天 台	祖父 谢深甫 父 谢渠伯	74	1281		
	贵妃	贾						
	贵妃	阎						
十七任帝 度宗 赵孟启	皇后	全	会 稽	父 全昭孙 弟 全永坚			赵显 （十八任帝）	出家 为尼
第十二代	贵嫔	胡		兄 胡显祖				1272 年， 出家为尼

	淑妃 ·皇太后	杨		弟 杨亮节		1279	赵昰 (十九任帝)	投海死
	修容	俞		弟 俞如圭			赵昺 (二十任帝)	

辽

其夫	称号	姓名	籍贯	亲属	婚卒年龄	卒年	子女	备注
德祖 耶律撒剌的	宣简皇后	萧岩母斤				953	耶律阿保机（一任帝）	
一任帝太祖 耶律阿保机 第一代	贞烈皇后 ·淳钦皇后 （应天皇后）	述律平 （萧）		父 述律月	75	953	耶律突欲 （东丹王） 耶律德光 （二任帝） 耶律李胡 （皇太弟）	
二任帝太宗 耶律德光 第二代	靖安皇后	萧温		父 萧室鲁 姑 萧平		935	耶律述律 （四任帝）	
让国皇帝 耶律突欲 第二代	柔贞皇后	萧				951		被杀
章顺皇帝 耶律李胡 第二代	和敬皇后							
三任帝世宗 耶律兀欲 第三代	怀节皇后	萧撒葛只		父 萧阿古只 姑 萧平	30	951	耶律贤 （五任帝）	被杀
	皇妃	甄				951	耶律只没 （宁王）	被杀
四任帝 穆宗 耶律述律 第三代	皇后	萧		父 萧知璠				

五任帝 景宗 耶律贤 第四代	睿智皇后 ·承天皇后	萧燕燕		父 萧思温		1109	耶律隆绪 (六任帝)	
六任帝 圣宗 耶律隆绪	仁德皇后 ·齐天皇后	萧菩萨哥		父 萧隗因 姑 萧燕燕	50	1032		被杀
第五代	钦哀皇后 ·法天皇后	萧耨斤		五世祖 萧阿古只			耶律宗真 (七任帝) 耶律重元 (秦王)	
七任帝 兴宗 耶律宗真	仁懿皇后 ·崇圣皇后	萧挞里		父 萧孝穆 姑 萧耨斤		1076	耶律洪基 (八任帝)	
第六代	贵妃	萧三妒		父 萧匹里				
八任帝 道宗 耶律洪基	宣懿皇后 ·懿德皇后	萧观音		父 萧惠 姑 萧耨斤		1075	耶律濬 (昭怀太子)	被杀
第七代	惠妃·皇后	萧坦思		母 燕国夫人 兄 燕霞抹				
		萧斡特懒		姊 萧坦思				

昭怀太子 耶律濬 第八代	贞顺皇后	萧					耶律延禧 （九任帝）	
九任帝 （天祚） 耶律延禧 第九代	皇后	萧夺里懒		兄 萧奉先 弟 萧保先				
	赞翼德妃	萧师姑		父 萧常哥			耶律挞鲁 （燕王）	
	承翼文妃	萧瑟瑟		父 萧房		1121	耶律敖鲁斡 （晋王）	被杀
	元妃	萧贵哥		兄 萧奉先 姊 萧夺里懒			耶律定 （秦王） 耶律宁 （许王）	
十任帝 德宗 耶律大石 第九代	感天皇后	萧塔不烟					耶律夷列 （十二任帝） 耶律布沙堪 （十三任帝）	

金

其夫	称号	姓名	籍贯	亲属	婚卒年龄	卒年	子女	备注
景祖 完颜乌古乃	昭肃皇后	唐括 多保真		父 唐括石 批德撒 骨只			完颜劾里钵 (世祖) 完颜颇剌淑 (肃宗) 完颜盈歌 (穆宗)	
世祖 完颜劾里钵	简翼皇后	拏懒				1085	完颜阿骨打 (一任帝) 完颜吴乞买 (二任帝)	
肃宗 完颜颇剌淑	靖宣皇后	蒲察						
一任帝 太祖 完颜阿骨打	圣穆皇后	唐括		父 唐括留速			完颜宗峻 (丰王·徽宗)	
第一代	光懿皇后	裴满					完颜宗乾 (辽王·德宗)	
	钦宪皇后 (庆元宫)	纥石烈				1136	完颜宗望 (宋王)	
	宣献皇后	仆散					完颜宗尧 (幽王·睿宗)	

	崇妃·太妃	萧				1150	完颜限喝（任王）	被杀
二任帝 太宗 完颜吴乞买 第一代	钦仁皇后（明德宫）	唐括		父 唐括阿鲁束		1142		
三任帝熙宗 完颜亶 第三代	悼平皇后·贵妃	裴满		父 裴满忽达		1149	完颜济安（太子）	被杀
	德妃	乌古论				1149		被杀
辽王 完颜宗乾 第二代	哀皇后（永寿宫）	徒单		父 徒单蒲常	53	1161		被杀
	慈宪皇后（永宁宫）	大		父 大昊天 兄 大兴国奴		1153	完颜亮（四任帝）	
	顺妃	李					完颜充（郑王）	
四任帝 完颜亮 第三代	皇后	徒单		父 徒单斜也			完颜光英（太子）	第一娘子
	元妃	大						第二娘子
	宸妃	萧						第三娘子
	丽妃	石哥						第四娘子

昭妃	蒲察阿里虎		父 蒲察没里野 前夫 完颜阿虎迭 前夫 完颜南家 女 完颜重节		1150		被杀
贵妃	唐括定哥		前夫 乌带		1153		被杀
丽妃	唐括石哥		姊 唐括定哥 前夫 文				
柔妃	耶律弥勒		母 张氏				
昭妃	阿懒		前夫 完颜宗敏				(婶母)
昭媛	耶律察八		前夫 萧堂古带				被杀
修仪	高		父 高耶鲁瓦 前夫 完颜纠里				
元妃位	完颜奈剌忽		前夫 张定安				(表舅母)
丽妃位	唐括蒲 鲁胡只						
贵妃位	完颜莎 里古真 (寿阳县主)		父 完颜宗本 夫 撒速				(从姊妹)

	贵妃位	完颜余都		父 完颜宗本 夫 松古剌				（从姊妹）
	昭妃位	完颜什古 （昭宁公主）		父 完颜宗望				（从姊妹）
	昭妃位	完颜重节 （蓬莱县主）		祖父 完颜宗盘 母 蒲察阿里虎				（从侄女）
	淑妃位	完颜蒲剌 （寿康公主）		父 完颜宗弼				（从姊妹）
	淑妃位	完颜习撚		父 完颜宗弼 夫 稍喝				（从姊妹）
	淑妃位	完颜师姑儿		父 完颜完隽				（从姊妹）
幽王 完颜宗尧 第二代	钦慈 皇后	蒲察		父 蒲察按补				
	贞懿 皇后	李	辽阳	父 李雏讹只		1161	完颜雍 （五任帝）	
五任帝 世宗 完颜雍	昭德皇后 ·明德皇后	乌林答		父 乌林答石土黑 侄 乌林答天锡		1152	完颜允恭 （太子）	自杀

第三代	光献皇后 ·元妃	李		父 李石		1181	完颜允蹈 （郑王） 完颜永济 （七任帝） 完颜允德 （潞王）	
	元妃	张		父 张玄征 母 高氏 兄 张汝弼				
宣孝太子 完颜允恭 第四代	孝懿皇后 （隆庆宫）	徒单		父 徒单贞	45	1191	完颜璟 （六任帝）	
	昭圣皇后	刘	辽 阳		23 25	1163	完颜珣 （八任帝）	
六任帝 章宗 完颜璟 第五代	钦怀皇后	蒲察	上京曷速河	父 蒲察鼎寿				
	元妃	李师儿		父 李湘 母 王盼儿		1209	完颜忒隣 （葛王）	被杀
	承御	贾				1209		被杀
	承御	范						出家为尼
七任帝 完颜永济 第四代	皇后	徒单						

<table>
<tr><td rowspan="3">八任帝
宣宗
完颜珣
第五代</td><td>皇后
（仁圣宫）</td><td>王霮</td><td>中都</td><td>父
王彦昌
母
马氏</td><td></td><td></td><td></td><td>被掳</td></tr>
<tr><td>明惠皇后
（慈圣宫）</td><td>王云</td><td>中都</td><td>妹
仁圣王皇后</td><td></td><td>1231</td><td>完颜守绪
（九任帝）</td><td></td></tr>
<tr><td>宝符御侍</td><td>李</td><td></td><td></td><td></td><td></td><td></td><td>自杀</td></tr>
<tr><td>九任帝
哀宗
完颜守绪
第六代</td><td>皇后</td><td>徒单</td><td></td><td>父
徒单顽僧
弟
徒单四喜</td><td></td><td></td><td></td><td>被掳</td></tr>
</table>

元

其夫	称号	姓名	籍贯	亲属	婚卒年龄	卒年	子女	备注
烈祖 也速该	宣懿皇后	斡勒忽纳 ·月伦		前夫 也客赤列都 后夫 蒙力克			铁木真 (一任帝) 哈撒儿 哈准 斡赤斤	
一任帝太祖 铁木真 第一代	光献翼 圣皇后 ·大皇后	弘吉剌 ·孛儿台		祖父 达而罕 父 特薛禅 外夫 赤勒格儿			术赤 察合台 窝阔台 (二任帝) 拖雷 (太子)	第一斡儿朵七后一妃
	皇后	忽鲁浑		前夫 亦难察 前夫 乃蛮太阳汗				
	皇后	阔里桀担						
	皇后	脱忽思						
	皇后	帖木仑						
	皇后	亦怜真 ·八剌						
	皇后	不颜浑秃 、						
	妃子	忽胜海						
	忽兰皇后	兀洼思 ·忽兰		父 答亦儿兀孙			阔列坚	

	皇后	亦乞剌真						第二斡儿朵四后四妃
	皇后	脱忽茶儿						
	妃子	也真						
	妃子	也里忽秃						
	妃子	察真						
	妃子	哈剌真						
	也遂皇后	塔塔儿·也遂		父 也客扯连				第三斡儿朵七后三妃
	皇后	忽鲁剌剌						
	皇后	阿失仑						
	皇后	秃儿哈剌						
	察合皇后	李嵬名	夏国	父 李安全			(西夏公主)	
	皇后	阿昔迷失						
	皇后	完者忽都						
	妃子	浑鲁忽歹						
	妃子	忽鲁灰						
	妃子	剌伯						
	也速干皇后	塔塔儿·也速干		父 也客扯连				第四斡儿朵五后七妃
	皇后	忽答罕						
	合答安皇后	速勒逊都		兄 赤老温				
	皇后	斡者忽思						

	皇后	燕里						第四斡儿朵五后七妃
	妃子	秃干						
	妃子	完者						
	妃子	金莲						
	妃子	完台						
	妃子	奴伦						
	妃子	卯真						
	妃子	销郎哈						
	公主皇后	完颜	金国	父 完颜永济 母 袁氏			（金岐国公主）	第五斡儿朵四后三妃
	皇后	谟盖						
	皇后	吉儿八速						
	皇后	阿卜哈						
	妃子	八不别歹						
	妃子	肃良合						
	妃子	八不别及						
二任帝太宗窝阔台	皇后	孛剌·合真						正宫
第二代	皇后	昂灰						第二皇后
	皇后	乞里吉·忽帖尼						第三皇后

	昭宪皇后	乃马真 ·脱列哥那		前夫 忽秃			贵由 （四任帝）	第六皇后
	皇后	秃纳 ·吉纳						
	妃子	业里 ·讫纳					灭里	
四任帝定宗 贵由 第二代	钦淑皇后	斡兀立 ·海迷失						第三皇后
太子拖雷 第二代	显懿庄圣 皇后	克烈 ·唆鲁忽帖 塔尼		父 札合敢不		1252	蒙哥 （六任帝） 忽必烈 （七任帝）	
六任帝 宪宗 蒙哥 第三代	皇后	火里差	火鲁剌部					
	贞节皇后	弘吉剌 ·忽都台		曾祖 特薛禅 父 忙哥陈				
	皇后	弘吉剌 ·也速儿		姊 贞节皇后				
	皇后	出卑				1259		第三皇后
	皇后	明理 ·忽都鲁						
七任帝 世祖 忽必烈 第三代	大皇后	弘吉剌 ·帖古伦		祖父 按陈 父 脱怜				第一斡儿朵

	昭睿顺圣皇后	弘吉剌·察必		父 按陈		1281	真金 （明孝太子）	第二斡儿朵
	皇后	弘吉剌·喃必						
	皇后	塔剌海						第三斡儿朵
	皇后	奴罕						
	皇后	伯要·兀真						第四斡儿朵
	皇后	阔阔伦						
	妃子	八八罕						
明孝太子 真金 第四代	徽仁裕圣皇后	弘吉剌·伯蓝也怯赤 （阔阔真）				1300	铁木儿 （八任帝） 甘麻拉 （晋王） 答剌麻八拉	
八任帝成宗 铁木儿 第五代	贞慈静懿皇后	弘吉剌·失怜答里		父 斡罗陈			德寿 （太子）	
		伯牙吾·卜鲁罕		祖父 普化 父 脱里忽思		1307		被杀
	皇后	乞里吉·忽帖尼						
顺宗 答拉麻八拉 第五代	昭献元圣皇后	弘吉剌·答吉		父 浑都帖木儿		1322	海山 （九任帝） 爱育黎拔力八达 （十任帝）	

九任帝 武宗 海山 第六代	宣慈惠圣皇后	弘吉剌·真哥		父 进不剌		1327		
	失里皇后	弘吉剌·速哥		姊 宣慈惠圣皇后				
	文献昭圣皇后	唐兀					图铁木儿 (十四任帝)	
	仁献章圣皇后	亦乞烈·寿童		母 奴兀伦公主			和世瑓 (十五任帝)	
	皇后	怯烈·伯忽都						
	皇后	完者歹						
十任帝 仁宗 爱育黎拔力八达 第六代	慈懿慈圣皇后	弘吉剌·阿纳失失里					硕德八剌 (十一任帝)	
	皇后	答里·麻失里						
十一任帝 英宗 硕德八剌 第七代	庄靖懿圣皇后	亦乞烈·速哥八剌		父 阿失 母 昌国公主		1326		
	皇后	朵儿只班		兄 铁失				第二皇后
	皇后	牙八忽·都鲁						
晋王 甘麻拉 第五代	宣懿淑圣皇后	弘吉剌·普颜怯里迷失					也孙铁木儿 (十二任帝)	

十二任 泰定帝 也孙铁木儿 第六代	皇后	弘吉剌 ·八不罕		曾祖 按陈 父 斡留察儿			阿速吉八 （十三任帝）	流东 安州
	皇后	亦怜真 ·八剌		母 昌国公主				
	皇后	忽剌						
	皇后	也速						
	皇后	撒答八剌		母 寿宁公主				
	皇后	卜颜怯 ·里迷失						
	皇后	失烈帖木儿						
	皇后	铁你						
	皇后	弘吉剌 ·必罕		姊 八不罕 皇后				
	皇后	弘吉剌 ·速哥答里		姊 必罕皇后				
	皇后	撒答邑剌		母 寿宁公主				
十四任帝 文宗 图铁木儿 第七代		弘吉剌 ·不答失里		父 倜阿不剌 母 鲁国公主			燕帖古思 （皇子） 太平纳 （皇子）	被杀
十五任帝 明宗 和世瑓	皇后	按出罕						
第七代	皇后	月鲁沙						

	皇后	不颜忽都						
	皇后	乃马真·八不沙		母 寿宁公主 舅 也孙铁木儿			懿璘质班（十七任帝）	被焚死
	贞裕徽圣皇后	罕禄鲁·迈来迪		祖父 阿里术兀 父 帖木迭儿			脱欢铁木儿（十八任帝）	
	皇后·娘子	脱忽思						
十七任帝 宁宗 懿璘质班 第八代		弘吉剌·答里也特迷失				1368		
十八任帝 惠宗 脱欢铁木儿 第八代	伯颜忽都皇后	弘吉剌·伯颜忽都		父 孛罗铁木儿	42	1365		真哥皇后侄女
	答纳失里皇后	伯牙吾·答纳失里		父 燕铁木儿 兄 唐其势 弟 塔剌海				被杀
	完者忽都皇后	奇	高丽幸州	父 奇子敖 兄 奇辙		1369	爱猷识理达腊（十九任帝）	

明

其夫	称号	姓名	籍贯	亲属	婚卒年龄	卒年	子女	备注
一任帝 太祖 朱元璋 第一代	孝慈昭宪至仁文德承天顺圣高皇后	马	宿州	父 马公 母 郑媪	51	1382	朱标（太子） 朱棣（三任帝） 朱橚（周王） 朱植（秦王）	
	成穆贵妃	孙	陈州	兄 孙藩	18 32	1374		
	淑妃	李	寿州	父 李杰				
	宁妃	郭	濠州	父 郭山甫 兄 郭兴 兄 郭英			朱檀（鲁王）	
懿文太子 朱标 第二代	孝康皇后	常						
	皇太后	吕	寿州	父 吕本				
二任帝（惠） 朱允炆 第三代	皇后	马		父 马奎		1402	朱文奎（太子） 朱文圭（广王）	自焚
三任帝 成祖 朱棣 第二代	仁孝慈懿诚明庄献配天齐圣文皇后	徐	濠州	父 徐达	46	1407	朱高炽（四任帝） 朱高煦（汉王） 朱高燧（赵王）	

	昭献贵妃	王	苏州			1420		
	恭献贤妃	权	高丽	父 权永均		1410		
四任帝仁宗 朱高炽	诚孝恭肃 明德弘仁 顺天启圣 昭皇后	张	河南永城	父 张麟 弟 张升		1442	朱瞻基 （五任帝）	
第三代	贤妃	李					朱瞻垓 （郑王）	
	顺妃	张					朱瞻堈 （荊王）	
五任帝宣宗 朱瞻基	恭让诚顺 康穆静慈 章皇后	胡善祥	济宁			1443		被废
第四代	孝恭懿宪 慈仁庄烈 齐天配圣 章皇后	孙	邹平	父 孙忠		1464		
	宫人						朱祁镇 （六任帝）	无知 之者
	皇太后	吴	丹徒	兄 吴安			朱祁钰 （七任帝）	
	嫔	郭爱 （善理）	凤阳			1435		殉葬
	端静贵妃	何				1435		殉葬
	纯静贤妃	赵				1435		殉葬

	贞顺惠妃	吴				1435		殉葬
	庄静淑妃	焦				1435		殉葬
	庄顺敬妃	曹				1435		殉葬
	贞惠顺妃	徐				1435		殉葬
	恭定丽妃	袁				1435		殉葬
	贞静淑妃	褚				1435		殉葬
	恭顺充妃	李				1435		殉葬
	肃僖成妃	何				1435		殉葬
六任帝英宗 朱祁镇	孝庄献穆 弘惠显仁 恭天钦圣 睿皇后 （慈懿）	钱	海州	弟 钱钟		1468		
第五代	孝肃贞顺 康懿光烈 辅天承圣 睿皇后	周	昌平	父 周能 弟 周彧		1504	朱见深 （九任帝） 朱见泽 （崇王）	
七任帝 （景） 朱祁钰	贞惠安和 景皇后	汪	顺天			1506		

第五代	肃孝皇后	杭				1456	朱见济（怀献太子）	
九任帝 宪宗 朱见深	皇后	吴	顺天	父 吴俊		1506		被废
第六代	孝贞庄懿恭靖仁慈钦天辅圣纯皇后	王	上元	弟 王源 弟 王清		1518		
	恭肃端慎荣靖皇贵妃	万	诸城			1487		
	孝穆慈慧恭恪庄僖崇天承圣纯皇后	纪	贺县			1475	朱祐樘（十任帝）	暴死
	贤妃	柏					朱祐极（悼恭太子）	
	孝惠康肃温仁懿顺协天祐圣纯皇后	邵	昌化	父 邵林		1522	朱祐杬（兴献王）	
十任帝 孝宗 朱祐樘 第七代	孝康靖肃庄慈哲懿翊天赞圣敬皇后（昭圣）	张	兴济	父 张峦 母 金氏 弟 张鹤龄		1541	朱厚照（十一任帝）	

兴献王 朱祐杬 第七代	慈孝贞顺 仁敬诚一 安天诞圣 献皇后 （兴国太后） （章圣）	蒋	大兴	父 蒋敩		1538	朱厚熜 （十二任帝）	
十一任帝 武宗 朱厚照 第八代	孝静庄惠 安肃温诚 顺天偕圣 毅皇后 （庄肃）	夏	上元	父 夏儒		1535		
十二任帝 世宗 朱厚熜 第八代	孝洁恭懿 慈睿安庄 天翊圣肃 皇后	陈	元城	父 陈万年		1528		惊死
	皇后·顺妃	张				1536		被废
	孝烈端顺 敏惠恭诚 祇天卫圣 皇后	方	江宁	父 方锐		1547		
	端妃	曹				1542		磔死
	宁嫔	王				1542		磔死
	孝恪渊纯 慈懿恭顺 赞天开圣 皇后	杜		父 杜林 侄 杜继宗		1554	朱载垕 （十三任帝）	

十三任帝 穆宗 朱载垕 第九代	孝懿贞惠顺哲恭仁俪天襄圣庄皇后（仁圣）	李	昌平	父 李铭		1558		
	孝安贞懿恭纯温惠佐天弘圣皇后	陈	通州	父 陈景行		1596		
	孝定贞纯钦仁端肃弼天祚圣皇后（慈圣）	李	漷县	父 李伟		1614	朱翊钧 （十四任帝）	九莲菩萨
十四任帝 神宗 朱翊钧 第十代	孝端贞恪庄惠仁明媲天毓圣显皇后	王	余姚	父 王伟		1620		
	昭妃（慈宁宫）	刘			86	1642		
	孝靖温懿敬让贞慈参天允圣皇后	王		父 王天瑞		1512	朱常洛 （十五任帝）	
	恭恪惠荣和靖皇贵妃（孝宁宫）	郑	大兴	兄 郑国泰		1630	子 朱常洵 （福王） 孙 朱由崧 （十八任帝）	

	贵妃	李					子 朱常瀛（桂王） 孙 朱由榔（二十任帝）	
十五任帝 光宗 朱常洛	孝元昭懿哲惠庄仁合天弼圣贞皇后	郭	顺天	父 郭维城 兄 郭振明		1613		
第十一代	孝和恭献温穆徽慈谐天鞠圣皇后	王		弟 王升		1619	朱由校（十六任帝）	
	孝纯恭懿淑穆庄静毗天毓圣皇后	刘	海州	母 瀛国夫人 弟 刘效祖			朱由检（十七任帝）	
	选侍·康妃	李（西李）					皇八妹	
	选侍·庄妃	李（东李）						
	选侍	赵						被杀
十六任帝 熹宗 朱由校	懿安皇后	张	开封	父 张国纪		1644		自缢
第十二代	裕妃	张						饿死
	慧妃	范						
	成妃	李						

十七任帝 思宗 朱由检 第十二代	孝节皇后 ·愍皇后	周	苏州			1644	朱慈烺 （太子） 朱慈炯 （定王）	
	贵妃	袁						
	恭淑端惠静 怀皇贵妃	田	扬州	父 田弘遇		1642	朱慈炤 （永王）	
十九任帝 绍宗 朱聿键 第十代	皇后	曾				1646		自杀

清

其夫	称号	姓名	籍贯	亲属	婚卒年龄	卒年	子女	备注
显祖塔克世	宣皇后	喜塔腊		父阿古(王杲)		1559	努尔哈赤(一任帝)舒尔哈齐(庄亲王)雅尔哈齐(通达郡王)	
	继妃	纳喇	哈达部落				巴雅喇(笃义刚果贝勒)	
	庶妃	李佳					穆尔哈齐(诚毅勇壮贝勒)	
一任帝太祖努尔哈赤 第一代	孝慈昭宪敬顺仁徽懿德庆显承天辅圣高皇后	纳喇	叶赫部	父杨吉奴	14 29	1603	皇太极(二任帝)	
	元妃	佟佳					褚英(广略贝勒)代善(礼烈亲王)	
	继妃	富察				1620	莽古尔泰(和硕贝勒)德格类(和硕贝勒)女莽古济	

	孝烈恭敏献哲仁和赞天俪圣武皇后	纳喇	乌喇部落	父满泰	12 37	1626	阿济格（英武郡王） 多尔衮（睿亲王） 多铎（豫通亲王）	
	寿康太妃	博尔济吉特	蒙古科尔沁部正蓝旗	父孔果尔		1665		
	侧妃	伊尔根觉罗					阿巴泰（饶余郡王）	
	侧妃	纳喇		父杨吉奴 姊慈孝皇后				
	庶妃	兆佳					阿拜（镇国公）	
	庶妃	钮祜禄					汤古代（镇国将军） 塔拜（辅国公）	
	庶妃	嘉穆瑚觉罗					巴布泰（镇国公） 巴布海（镇国将军）	
	庶妃	西林觉罗					赖慕布（辅国公）	
	庶妃	伊尔根觉罗					费扬果	

二任帝太宗皇太极 第二代	孝端正敬仁懿哲顺慈僖庄敏辅天协圣文皇后	博尔济吉特	蒙古科尔沁部	父 莽古思 兄 塞桑	16 51	1649		
	孝庄仁宣诚献恭懿至德纯徽翊天启圣文皇后	博尔济吉特	蒙古科尔沁部	父 塞桑 姑 孝端皇后	13 75	1687	福临 (三任帝)	
	敏惠恭和元妃	博尔济吉特	蒙古科尔沁部	父 塞桑 妹 孝庄皇后		1641	懿清 (早殇)	
	懿靖大贵妃	博尔济吉特	阿霸垓部	父 额济格诺颜		1674	博穆博果尔 (襄亲王)	
	康惠淑妃	博尔济吉特						
	元妃	钮祜禄		父 额亦都			格博会 (早殇)	
	继妃	纳喇	乌拉部				豪格 (肃亲王) 洛格 (早殇)	
	侧妃	纳喇	叶赫部				硕塞 (承泽亲王)	

	侧妃	博尔济吉特	札鲁特部					
	庶妃	纳喇					高塞（辅国公）	
	庶妃	奇垒	察哈尔部					
	庶妃	颜札					叶布舒（辅国公）	
	庶妃	伊尔根觉罗					常舒（辅国公）	
	庶妃						韬塞（辅国公）	
三任帝世祖福临 第三代	废后·静妃	博尔济吉特	蒙古科尔沁部	父 吴克善 姑 孝庄皇后				1653年被废
	孝惠仁宣端懿慈淑恭安纯德顺天翊圣章皇后	博尔济吉特	蒙古科尔沁部	父 绰尔济	14 77	1717		
	孝康慈和庄懿恭惠温穆端靖崇文育圣章皇后	佟佳	满洲镶黄旗	父 佟图赖	24	1663	玄烨（四任帝）	汉人姓佟，福临命改姓佟佳

孝献庄和至德宣仁温惠端敬皇后	董鄂	满洲正白旗	父 鄂硕 弟 费扬古	18	1660	(未命名)(庄亲王)	
贞妃	董鄂		父 巴庆		1661		自杀
淑惠妃	博尔济吉特	蒙古科尔沁部	父 绰尔济 姊 孝惠皇后				
恭靖妃	博尔济吉特	浩齐特部					
端顺妃	博尔济吉特	阿霸垓部					
宁悫妃	董鄂					福全(裕亲王)	
恪妃	石	直隶滦州	父 石申		1667		
庶妃	穆克图					承干(早殇)	
庶妃	巴					牛钮(早殇)	
庶妃	陈					常宁(恭亲王)	
庶妃	唐					奇授(早殇)	

	庶妃	钮					隆禧 （纯亲王）	
	庶妃	杨						
	庶妃	乌苏						
	庶妃	纳喇						
四任帝圣祖 玄烨 第四代	孝诚恭肃正惠安和淑懿恪敏俪天襄圣仁皇后	赫舍里	满洲正黄旗	祖父 索尼 父 噶布喇	13 22	1674	承祜 （早殇） 胤礽 （理亲王）	
	孝昭静淑明惠正和安裕端穆钦天顺圣仁皇后	钮祜禄	满洲正黄旗	父 遏必隆		1678		
	孝懿温诚端仁宪穆和恪慈惠奉天佐圣仁皇后	佟佳		祖父 佟图赖 父 佟国维 姑 孝康皇后 兄 隆科多				
	孝恭宣惠温肃定裕慈纯钦穆赞天承圣仁皇后	乌雅	满洲正黄旗	父 威武	64	1723	胤禛 （雍亲王 五任帝） 胤祚 （早殇） 胤禵 （恂郡王）	

敬敏皇后	章佳				1699	胤祥 (怡亲王)	
定妃	万琉哈			97		胤祹 (履亲王)	
惇怡皇贵妃	瓜尔佳			86	1768		
慤惠皇贵妃	佟佳		父 佟国维 姊 孝懿皇后				
顺懿密妃	王					胤禑 (愉郡王) 胤禄 (庄亲王) 胤祄 (早殇)	
纯裕勤妃	陈					胤礼 (果亲王)	
襄嫔	高					胤禝 (早殇) 胤祎 (简贝勒)	
谨嫔	色赫图					胤祜 (恭贝勒)	
静嫔	石					胤祁 (诚贝勒)	
通嫔	纳喇					万黼 (早殇) 胤禶 (早殇)	
熙嫔	陈					胤禧 (慎郡王)	

穆嫔	陈					胤祕 （诚亲王）	
温僖贵妃	钮祜禄		父 遏必隆 姊 孝昭皇后			胤䄉 （敦亲王）	
惠妃	纳喇					承庆 （早殇） 胤禔 （直郡王）	
宜妃	郭络罗					胤祺 （恒亲王） 胤禟 （贝子） 胤禌 （早殇）	
荣妃	马佳					胤祉 （诚郡王） 承瑞、赛音、察浑、长华、长生 （均早殇）	
成妃	戴佳					胤祐 （淳亲王）	
良妃	卫					胤禩 （廉亲王）	
平妃	赫舍里		姊 孝诚皇后			胤禨 （早殇）	
端嫔	董						
贵人	兆佳						
贵人	郭络罗		姊 宜妃			胤禑 （早殇）	
贵人	袁						

	贵人	陈					胤禐 (早殇)	
	庶妃	钮祜禄						
	庶妃	张						
	庶妃	王						
	庶妃	刘						
五任帝 世宗 胤禛 第五代	孝敬恭和懿顺昭惠庄肃安康佐天翊圣宪皇后	纳喇	满洲正黄旗	父 费扬古		1731	弘晖 (端亲王)	
	孝圣慈宣康惠敦和诚徽仁穆敬天光圣宪皇后	钮祜禄		父 凌柱 兄 伊通阿	13 86	1777	弘历 (宝亲王·六任帝)	
	敦肃皇贵妃	年佳		父 年遐龄 兄 年羹尧		1725	福宜(早殇) 福惠 (怀亲王) 福沛(早殇)	
	纯慤皇贵妃	耿			96	1784	弘昼 (和亲王)	
	齐妃	李					弘昀(早殇) 弘时(皇子) 弘昐(早殇)	
	谦妃	刘					弘瞻 (果郡王)	
	懋嫔	宋						

六任帝 高宗 弘历 第六代	孝贤诚正 敦穆仁惠 徽恭康顺 辅天昌圣 纯皇后	富察	满洲镶黄旗	父 李荣保	37	1748	永琏 （端惠太子） 永琮 （哲亲王）	
	皇后	那拉	乌喇部	父 那尔布			永琪 （贝勒） 永璟 （早殇）	1766年，被废
	孝仪恭顺 康裕慈仁 端恪敏哲 翼天毓圣 纯皇后	魏佳	满洲镶黄旗	父 清泰	49	1775	颙琰 （七任帝） 永璘 （庆亲王）	汉人，本姓魏，改姓魏佳
	慧贤 皇贵妃	高佳		父 高斌				
	纯惠 皇贵妃	苏佳					永璋 （循郡王） 永瑢 （质亲王）	
	康恭 皇贵妃	陆						
	哲悯 皇贵妃	富察				1735	永璜 （定亲王）	
	婉贵太妃	陈			92			
	颖贵太妃	巴林			70			

淑嘉皇贵妃	金佳					永瑊（履亲王） 永璇（仪亲王） 永瑆（成亲王）	
贵人	西林觉罗						
贵人	柏						
晋太妃	富察						
忻贵妃	戴佳		父 那苏图				
愉贵妃	阿里叶特					永琪（荣亲王）	
舒妃	那拉	叶赫部					
香妃	马汉尔	回部	父 群和加 母 帕的夏 前夫 霍集占 兄 图的和加				
惇妃	汪						
容妃	和卓	回部	父 和札麦		1788		

七任帝 仁宗 颙琰 第七代	孝淑端和仁庄慈懿敦裕昭肃光天佑圣睿皇后	喜塔腊	满洲正白旗	父 和尔经额		1797	绵宁 （八任帝）	
	孝和恭慈康豫安成钦顺仁正应天熙圣睿皇后	钮祜禄	满洲镶黄旗	父 恭阿拉 兄 和世泰	74	1849	绵恺 （惇亲王） 绵忻 （瑞亲王）	
	恭顺 皇贵妃	钮祜禄					绵愉 （惠亲王）	
	和裕 皇贵妃	刘佳						
	华妃	侯佳						
	简嫔	关佳						
	逊嫔	沈佳						
	信妃	刘佳						
	恩嫔	乌雅						
	荣嫔	梁						
	安嫔	苏完尼瓜尔佳						

八任帝 宣宗 绵宁 第八代	孝穆温厚庄肃端懿恪惠宽钦孚天裕圣成皇后	钮祜禄	满洲镶黄旗	父 布颜达赉		1808		
	孝慎敏肃哲顺和懿诚惠敦恪熙天诒圣成皇后	佟佳	满洲镶黄旗	父 舒明阿		1833		
	孝全慈敬宽仁端慤安惠诚敏符天笃圣成皇后	钮祜禄		父 颐龄	33	1840	奕詝 (九任帝)	
	孝静康慈懿昭端惠庄仁和慎弼天辅圣成皇后	博尔济吉特		祖父 花良阿 父 恩龄	44	1855	奕纲 (须郡王) 奕继 (慧郡王) 奕䜣 (恭亲王)	
	庄顺 皇贵妃	乌雅				1866	奕譞 (醇亲王) 奕詥 (钟郡王) 奕譓 (孚郡王)	

	彤贵妃	苏穆噜						
	和妃	纳喇					奕纬（隐郡王）	
	祥妃	钮祜禄					奕琮（惇亲王）	
	佳贵妃	郭佳						
	成贵妃	钮祜禄						
	常妃	赫舍里						
	顺嫔							
	恒嫔	蔡佳						
	豫嫔	尚佳						
	贵人	李						
	贵人	那						
九任帝 文宗 奕詝 第九代	孝德温惠诚顺慈庄恪慎徽懿恭天赞圣显皇后	萨克达	满洲镶黄旗	父 富泰	1849			
	孝贞慈安和庆康敬诚靖仪天祚圣显皇后（慈安·东太后）	钮祜禄	满洲镶黄旗	父 穆阳阿	45	1881		

	孝钦慈禧端佑康颐昭豫庄诚寿恭仁献崇熙显皇后（慈禧·西太后）	那拉兰儿	叶赫部满洲镶黄旗	父惠征 兄照祥	17 74	1908	载淳（十任帝）	
	庄静皇贵妃	他他拉						
	玫贵妃	徐佳					（未命名）（悯郡王）	
	端恪皇贵妃	佟佳						
	婉贵妃	索绰络						
	云嫔	武佳						
	英嫔	伊尔根觉罗	满洲正红旗					
十任帝穆宗载淳 第十代	孝哲嘉顺淑慎贤明恭端宪天彰圣毅皇后	阿鲁特	蒙古正蓝旗	父崇绮		1875		
	淑慎皇贵妃	富察				1904		

	庄和 皇贵妃	阿鲁特		祖父 崇绮 父 赛尚阿 姑 孝哲皇后				
	敬懿 皇贵妃	赫舍里						
	荣惠 皇贵妃	西林觉罗						
十一任帝 载湉 第十代	孝定景皇后 （隆裕皇后）	那拉	叶 赫 部	父 桂祥 姑 孝钦皇后	22 46	1913		
	瑾贵妃	他他拉				1924		
	珍贵妃	他他拉		姊 瑾贵妃		1900		被杀

【第五篇·亲王篇】

西汉

开国皇族

祖父辈	父辈	第一代	第二代	第三代	第四代	第五代	第六代	第七代
	太上皇 刘执嘉		羹颉侯 刘信					
			德哀侯 刘广	(顷) 刘通	(康) 刘龁	嗣侯 刘何		
		代顷王 刘喜	吴王 刘濞					
		①高祖 刘邦	⑤文 刘恒	⑥景 刘启	⑦武 刘彻	⑧昭 刘弗陵	⑨ 刘贺·	⑩宣 刘询·
		楚元王 刘交	(夷) 刘郢客	嗣王 刘戊				
			(文) 刘礼	(安) 刘道	(襄) 刘注	(节) 刘纯	嗣王 刘延寿	
			红侯 刘富	嗣侯 刘辟疆	阳城侯 刘德	光禄 大夫 刘向 (更生)	京兆尹 刘秀 (韶)	
		荊王 刘贾						
		燕敬王 刘泽	(康) 刘嘉	嗣王 (刘定国)				

一任帝高祖刘邦八子

第二代	第三代	第四代	第五代	第六代	第七代	第八代	第九代	第十代
齐悼惠王 刘肥	（哀） 刘襄	（文） 刘则						
	城阳景王 刘章	（共） 刘喜	（顷） 刘延	（敬） 刘义	（惠） 刘武	（荒） 刘顺	（戴） 刘恢	（孝） 刘景
							式侯 刘宪	赤眉汉帝 刘盆子
	济北王 刘兴居							
	齐孝王 刘将闾	（懿） 刘寿	（厉） 刘次昌					
	菑川懿王 刘志	（靖） 刘建	（顷） 刘遗	（思） 刘终古	（考） 刘尚	（孝） 刘横	（怀） 刘友	
	济南王 刘辟光							
	菑川王 刘贤							
	胶西王 刘印							
	胶东王 刘熊渠							
②惠 刘盈	③前少 刘恭							
	④后少 刘弘							
淮南厉王 刘长	嗣王 刘安							
	衡山王 刘赐							
	济北贞王 刘勃	（式） 刘胡	嗣王 刘宽					
赵隐王 刘如意								
⑤文 刘恒	⑥景 刘启	⑦武 刘彻	⑧昭 刘弗陵	⑨ 刘贺·	⑩宣 刘询·	⑪元 刘奭	⑫成 刘骜	⑬哀 刘欣·

赵恭王 刘恢								
赵幽王 刘友	嗣王 刘遂							
	河间文王 刘辟彊	(哀) 刘福						
燕灵王 刘建								

五任帝太宗文帝刘恒四子

第三代	第四代	第五代	第六代	第七代	第八代	第九代	第十代	第十一代
⑥景 刘启	⑦武 刘彻	⑧昭 刘弗陵	⑨ 刘贺·	⑩宣 刘询·	⑪元 刘奭	⑫成 刘骜	⑬哀 刘欣·	⑮ 刘婴·
梁孝王 刘武	(共) 刘买	(平) 刘襄	(贞) 刘无伤	(敬) 刘定国	(夷) 刘遂	(荒) 刘嘉	嗣王 刘立	嗣王 刘永
	济川王 刘明							
	济东王 刘彭离							
	山阳哀王 刘定							
	济阴哀王 刘不识							
代孝王 刘参	(恭) 刘登	清河刚王 刘义	(顷) 刘汤	嗣王 刘年	广宗王 刘如意·		·嗣王刘年弟子	
梁怀王 刘揖								

六任帝景帝刘启十四子

第四代	第五代	第六代	第七代	第八代	第九代	第十代	第十一代
河间献王 刘德	（恭） 刘不周	（刚） 刘基	（顷） 刘缓	（孝） 刘庆	嗣王 刘元		
					（惠） 刘良	嗣王 刘尚	
临汪哀王 刘阏							
鲁恭王 刘余	（安） 刘光	（孝） 刘庆忌	（顷） 刘劲	（文） 刘晙			
				嗣王 刘闵			
江都易王 刘非	嗣王 刘建						
赵敬肃王 刘彭祖	（顷） 刘昌	（怀） 刘尊					
		（哀） 刘高	（共） 刘充	嗣王 刘隐			
	平干顷王 刘偃	（缪） 刘元					
长沙定王 刘发	（戴） 刘庸	（顷） 刘附朐	（剌） 刘建德	（炀） 刘旦			
	舂陵节侯 刘买	（戴） 刘熊渠	苍梧太守 刘利	刘子张	玄汉一任帝 刘玄		
		郁林太子 刘外	巨鹿都尉 刘回	南顿令 刘钦	东汉一任帝 刘秀		
胶西于王 刘端							
中山靖王 刘胜	（哀） 刘昌	（糠） 刘昆侈	（顷） 刘辅	（宪） 刘福	（怀） 刘循		
⑦武 刘彻	⑧昭 刘弗陵	⑨ 刘贺·	⑩宣 刘询·	⑪元 刘奭	⑫成 刘骜	⑬哀 刘欣·	⑮ 刘婴·
临江愍王 刘荣							
广川惠王 刘越	（缪） 刘齐	嗣王 刘去					

		(戴) 刘文	嗣王 刘海阳				
			广德静王 刘榆	嗣王 刘赤			
胶东康王 刘寄	(哀) 刘贤	(戴) 刘通平	(顷) 刘音	(共) 刘授	嗣王 刘殷		
	六安共王 刘庆	(夷) 刘禄	(缪) 刘定·	(顷) 刘光	嗣王 刘育		
清河哀王 刘乘							
常山宪王 刘舜	嗣王 刘勃						
	真定顷王 刘平	(烈) 刘偃	(孝) 刘由	(安) 刘雍	(共) 刘普	嗣王 刘阳	
	泗水思王 刘商	(哀) 刘安世					
		(戴) 刘贺	(勤) 刘煖	(戾) 刘骏	嗣王 刘靖		

七任帝世宗武帝刘彻六子

第五代	第六代	第七代	第八代	第九代	第十代	第十一代	
戾太子 刘据	史皇孙 刘进	⑩宣 刘询	⑪元 刘奭	⑫成 刘骜	⑬哀 刘欣·	⑮ 刘婴·	
齐怀王 刘闳							
燕刺王 刘旦	广阳顷王 刘建	(穆) 刘舜	(思) 刘璜	嗣王 刘嘉			
广陵厉王 刘胥	(孝) 刘霸	(共) 刘意	(哀) 刘获				
	高密哀王 刘弘	(顷) 刘章	(怀) 刘宽	嗣王 刘慎			
昌邑哀王 刘髆	⑨ 刘贺	海昏侯 刘代宗					
⑤昭 刘弗陵							

十任帝中宗宣宗刘询五子

第八代	第九代	第十代	第十一代				
⑪元 刘奭	⑫成 刘骜						
	定陶恭王 刘康	⑬哀 刘欣					
	中山孝王 刘兴	⑭平 刘衎					
淮阳宪王 刘钦	（文） 刘玄	嗣王 刘縯					
东平思王 刘宇	（炀） 刘云	严乡侯 刘信	嗣王 刘匡				
		嗣王 刘开明					
		武平侯 刘璜					
	桃乡侯 刘宣	中山王 刘成都					
楚孝王 刘嚣	（怀） 刘文						
	（思） 刘衍	嗣王 刘纡					
		信都王 刘景					
	广戚炀侯 刘勋	嗣侯 刘显	⑮ 刘婴				
中山哀王 刘竟							

附:七国之乱世系(前一五四年)

父辈	第一代	第二代	第三代	备注
太上皇 刘执嘉 ②济南王 刘辟光	代顷王 刘喜	①吴王 刘濞		
	一任帝高祖 刘邦	齐悼惠王 刘肥		
			③菑川王 刘贤	
			④胶西王 刘印	
			⑤胶东王 刘熊渠	
		五任帝(文) 刘恒	六任帝(景) 刘启	
		赵幽王 刘友	⑥嗣王 刘遂	
	楚元王 刘交	(夷) 刘郢客	⑦嗣王 刘戊	

东汉

开国皇族

高祖辈	曾祖辈	祖父辈	父辈	第一代	第二代	第三代	第四代	第五代
春陵节侯 刘买	（戴） 刘熊渠	（考） 刘仁	（康） 刘敞	城阳恭王 刘祉	嗣王 刘平	竟陵侯 刘真	嗣侯 刘禹	嗣侯 刘嘉
			燕王 刘庆	成武孝侯 刘顺	端氏侯 刘遵	嗣侯 刘弇		
			刘宪	顺阳怀侯 刘嘉	南乡侯 刘参	嗣侯 刘循	嗣侯 刘章	
		苍梧太守 刘利	刘子张	玄汉一任帝 刘玄	咸阳侯 刘求	灌泽侯 刘巡	嗣侯 刘姚	
				安城孝侯 刘赐	嗣侯 刘闵	白牛侯 刘商	嗣侯 刘昌	
	郁林太守 刘外	巨鹿都尉 刘回	南顿令 刘钦	齐武王 刘縯	（哀） 刘章	（殇） 刘石	芜湖侯 刘晃	齐惠王 刘无忌
				①世祖 刘秀	②（明） 刘庄	③章 刘炟	④和 刘肇	⑥安 刘祜·
				鲁哀王 刘仲	北海靖王 刘兴·	（敬） 刘睦	（哀） 刘基	（顷） 刘普·
			赵孝王 刘良	（节） 刘栩	（顷） 刘商	（靖） 刘宏	（惠） 刘乾	（怀） 刘豫
			泗水王 刘歙	淄川王 刘终	曲阳侯 刘凤		·刘兴，齐武王刘縯子 ·刘普，敬王刘睦孙	

一任帝世祖光武帝刘秀十一子

第二代	第三代	第四代	第五代	第六代	第七代	第八代	第九代	第十代
东海恭王 刘强	（靖） 刘政	（顷） 刘肃	（孝） 刘臻	（懿） 刘祗	嗣王 刘羡			
沛献王 刘辅	（釐） 刘定	（节） 刘正	（孝） 刘广	（幽） 刘荣	（孝） 刘琮	（恭） 刘曜	嗣王 刘契	
②明 刘庄	③章 刘炟	④和 刘肇	⑥安 刘祜·	⑧顺 刘保	⑫灵 刘宏·	⑭献 刘协		

楚王 刘英	陆侯 刘种	嗣侯 刘度	嗣侯 刘拘					
济南安王 刘康	(简) 刘错	(孝) 刘香	(悼) 刘广·				·孝王刘香子	
东平宪王 刘苍	(怀) 刘忠	(孝) 刘敞	(顷) 刘端	嗣王 刘凯				
	任城孝王 刘尚	(贞) 刘安	(节) 刘崇					
阜陵质王 刘延	(顷) 刘鲂	(怀) 刘恢	(节) 刘代	(孝) 刘统·	嗣王 刘赦		·节王刘代子	
广陵思王 刘荆	广陵侯 刘元寿	嗣侯 刘商	嗣侯 刘条					
临淮怀公 刘衡								
中山简王 刘焉	(夷) 刘宪	(孝) 刘弘	(穆) 刘畅	(节) 刘稚				
琅邪孝王 刘京	(夷) 刘宇	(恭) 刘寿	(贞) 刘尊	(安) 刘据	(顺) 刘容	嗣王 刘熙		

二任帝显祖明帝刘庄九子

第三代	第四代	第五代	第六代	第七代	第八代		
③章 刘炟	④和 刘肇	⑥安 刘祜	⑧顺 刘保	⑫灵 刘宏	⑭献 刘协		
千乘哀王 刘建							
陈敬王 刘羡	(思) 刘钧	(怀) 刘竦					
	(顷) 刘崇	(孝) 刘承	(愍) 刘宠				
彭城靖王 刘恭	(考) 刘道	(顷) 刘定	(孝) 刘和		嗣王 刘祇		
乐成靖王 刘党	(釐) 刘巡	(隐) 刘宾					

		嗣王 刘苌·					·琅邪恭王刘寿子
		安平孝王 刘得·	嗣王 刘续				·河间孝王刘开子
下邳惠王 刘衍	（贞） 刘成	（愍） 刘意	（哀） 刘宜				
梁节王 刘畅	（恭） 刘坚	（怀） 刘匡					
		（夷） 刘成	（敬） 刘元	嗣王 刘弥			
淮阳顷王 刘昞	（靖） 刘章	（顷） 刘仪	（节） 刘豹	嗣王 刘暠			
济阴悼王 刘长							

三任帝肃宗章帝刘炟八子

第四代	第五代	第六代	第七代	第八代			
④和 刘肇	⑤殇 刘隆						
千乘贞王 刘伉	乐王夷王 刘宠	勃海孝王 刘鸿	⑩质 刘缵				
平春悼王 刘全							
清河孝王 刘庆	⑥安 刘祜	⑧顺 刘保	⑨冲 刘炳				
	（愍） 刘虎威	（恭） 刘延平·	嗣王 刘蒜				·乐安夷王刘宠子
		甘陵威王 刘理·	（贞） 刘定	（献） 刘忠			·安平孝王刘得子
济北惠王 刘寿	⑦少 刘懿						
	（节） 刘登	（哀） 刘多					

<table>
<tr><td>河间孝王
刘开</td><td>（惠）
刘政</td><td>（贞）
刘逊</td><td>（安）
刘利</td><td>嗣王
刘陔</td><td></td><td></td><td></td></tr>
<tr><td rowspan="5"></td><td rowspan="2">蠡吾侯
刘翼</td><td>⑪桓
刘志</td><td></td><td></td><td></td><td></td><td></td></tr>
<tr><td>勃海王
刘悝</td><td></td><td></td><td></td><td></td><td></td></tr>
<tr><td rowspan="2">解渎亭侯
刘淑</td><td rowspan="2">嗣侯
刘苌</td><td rowspan="2">⑫灵
刘宏</td><td>⑬少
刘辩</td><td></td><td></td><td></td></tr>
<tr><td>⑭献
刘协</td><td></td><td></td><td></td></tr>
<tr><td>广宗殇王
刘万岁</td><td></td><td></td><td></td><td></td><td></td><td></td><td></td></tr>
<tr><td>城阳怀王
刘淑</td><td></td><td></td><td></td><td></td><td></td><td></td><td></td></tr>
</table>

四任帝穆宗和帝刘肇二子

第五代								
平原怀王 刘胜								
⑤殇 刘隆								

曹魏

开国皇族

祖父辈	父辈	第一代	第二代	第三代	第四代			
东汉费亭侯 曹腾	东汉太尉 曹嵩	武帝 曹操	①文 曹丕	②明 曹叡				
东汉颍川太守 曹褒	东汉侍中 曹炽	陈忠侯 曹仁	宁陵侯 曹泰	嗣侯 曹初				
		高陵亭侯 曹纯	平乐乡侯 曹演	嗣侯 曹亮				
		乐城恭侯 曹洪	嗣侯 曹馥					
			长平壮侯 曹休	嗣侯 曹肇	嗣侯 曹兴			
				殄吴将军 曹纂				
		曹邵	邵陵元侯 曹真	武安侯 曹爽				
				中领军 曹羲				
				武卫将军 曹训				
				散骑常侍 曹彦				

太祖武帝曹操二十五子

第二代	第三代	第四代				
①文 曹丕	②明 曹叡					
任城威王 曹彰	嗣王 曹楷	③ 曹芳				

陈思王 曹植	济北王 曹志					
萧怀王 曹熊	（哀） 曹炳					
丰愍王 曹昂	（恭） 曹琬·	嗣王 曹廉				·彭城王曹据子
相殇王 曹铄	（愍） 曹潜	（怀） 曹偃				
	嗣王 曹竦·					·乐陵王曹茂子
邓哀王 曹冲	已氏公 曹琮·					·彭城王曹据子
彭城王 曹据						
燕王 曹宇·	元 曹奂					
沛穆王 曹林	嗣王 曹纬					
中山恭王 曹衮	嗣王 曹孚					
济阳怀王 曹玹	西乡哀侯 曹赞·					·沛穆王曹林子
	济阳悼公 曹壹·	嗣公 曹恒				·沛穆王曹林子
陈留恭王 曹峻	嗣王 曹澳					
范阳闵王 曹矩	琅邪原王 曹敏·	嗣王 曹焜				·樊安公曹均子
赵王 曹干						
临邑殇公 曹子上						
楚王 曹彪	常山王 曹嘉					
刚殇公 曹子勤						

榖城公 曹子乘							
郿戴公 曹子整	成武悼公 曹范·						
	东安乡公 曹阐·						·彭城王曹据子
灵殇公 曹子京							
樊安公 曹均	屯留定公 曹抗	嗣公 曹谌					
东平灵王 曹徽	嗣王 曹翕						
乐陵王 曹茂							
广宗殇公 曹子棘							

一任帝世祖文帝曹丕九子

第三代	第四代						
②明 曹叡	曹冏						
赞哀王 曹协							
北海悼王 曹蕤	文安公 曹赞·						·琅邪王曹敏子
东武阳 怀王 曹鉴							
东海定王 曹霖	嗣王 曹启						
	④ 曹髦						
元城哀王 曹礼	梁王 曹悌·						·任城王曹楷子

邯郸怀王 曹邕	鲁阳王 曹温·						·任城王曹楷子
清河悼王 曹贡							
广平哀王 曹俨							

蜀汉

第一代	第二代	第三代	第四代					
①昭烈 刘备	②孝怀 刘禅	皇太子 刘璿						
		安定王 刘瑶						
		西河王 刘琮						
		新平王 刘瓒						
		北地王 刘谌						
		新兴王 刘恂						
		上党王 刘虔						
	甘陵王 刘永		刘玄					
	安平悼王 刘理	（哀） 刘胤	（殇） 刘承					
		嗣王 刘辑						

东吴

父辈	第一代	第二代	第三代	第四代	第五代			
	孙羌	征虏将军 孙贲	都乡侯 孙邻	嗣侯 孙苗				
		平南将军 孙辅	孙兴					
	武烈帝 孙坚	长沙桓王 孙策	上虞侯 孙绍	嗣侯 孙奉				
		①大 孙权	宣太子 孙登	吴侯 孙英				
			建昌侯 孙虑					
			皇太子 孙和	④ 孙皓	皇太子 孙瑾			
			鲁王 孙霸	吴侯 孙基				
				宛陵侯 孙壹				
			章安侯 孙奋					
			③景 孙休	陈王 孙寇				
			② 孙亮					
		丹阳太守 孙翊	都乡侯 孙松					
		茂才 孙匡	长水校尉 孙泰	前将军 孙秀	晋给事中 孙俭			
		定武中郎将 孙朗						
	昭义中郎将 孙静	孙暠	安民都尉 孙绰	永宁侯 孙琳				

			偏将军 孙超					
			散骑侍郎 孙恭	富寿侯 孙峻				
		奋威将军 孙瑜	列侯 孙曼					
		征虏将军 孙皎	丹阳侯 孙胤					
			嗣侯 孙晞					
		沙羡侯 孙奂	嗣侯 孙承					
			孙壹					
		孙谦						
		哀城将军 孙河	丹徒侯 孙桓	嗣侯 孙建				
			建德侯 孙韶	临成侯 孙楷				
				建德侯 孙越				

晋

曹魏京兆尹司马防八子

第一代	第二代	第三代	第四代	第五代	第六代	第七代	第八代	
司马朗								
宣帝 司马懿	文帝 司马昭	①武 司马炎	②惠 司马衷	⑧明 司马绍·	⑨成 司马衍	⑰恭 司马德文·		
安平献王 司马孚	（贞） 司马邕	（穆） 司马隆						
魏东 武城侯 司马馗	彭城穆王 司马权	（元） 司马植	（康） 司马释	嗣王 司马纮	嗣王 司马玄	嗣王 司马弘之	嗣王 司马邵	
魏鸿胪丞 司马恂	济南惠王 司马遂	中山王 司马缉	略阳太守 司马瓘	梁州刺史 司马勋				
魏中郎 司马进	谯刚王 司马逊	（闵） 司马承	（烈） 司马无忌	（敬） 司马恬	荆州刺史 司马休之	嗣王 司马文思		
	高阳王 司马睦	世子 司马蔚	嗣王 司马毅					
魏安城 亭侯 司马通	任城景王 司马陵	西河缪王 司马斌	嗣王 司马隐					
司马敏								

安平献王司马孚九子

第二代	第三代	第四代	第五代	第六代	第七代		
安平贞王 司马邕	（穆） 司马隆						
义阳成王 司马望	司马奕	棘阳王 司马奇					
	河间平王 司马洪	章武王 司马威					
		章武王 司马混	嗣王 司马滔	嗣王 司马休			

				嗣王 司马珍			
				嗣王 司马范之·	嗣王 司马秀		·太原王司马钦子
	随王 司马整	嗣王 司马迈					
	东平王 司马楙						
太原成王 司马辅	中丘王 司马弘	嗣王 司马铄					
下邳献王 司马晃	嗣王 司马韡·	嗣王 司马韶					·太原成王司马辅子
太原烈王 司马瓌	河间王 司马颙	太原王 司马融·	嗣王 司马钦·				·融　彭城元王司马植子 ·钦　彭城康王司马释子
高阳元王 司马珪	（哀） 司马缉·	真定侯 司马讼·					·缉　太原成王司马辅子 ·讼　河间王司马颙子
常山孝王 司马衡	嗣王 司马敦·						·安平贞王司马邕子
沛顺王 司马景	嗣王 司马韬						
虎贲中郎将 司马翼	南宫王 司马承·	嗣王 司马祐					·安平贞王司马邕子

曹魏东武城侯司马馗三子

第二代	第三代	第四代	第五代	第六代	第七代	第八代	第九代	
彭城穆王 司马权	（元） 司马植	（康） 司马释	嗣王 司马雄					
			嗣王 司马纮	嗣王 司马玄	嗣王 司马弘之	嗣王 司马邵	嗣王 司马崇之	

高密文献王司马泰	东海王司马越	世子司马毗						
	新蔡武哀王司马腾	(庄)司马确	嗣王司马邈·	嗣王司马晃			·汝南威王司马祐子	
	(孝)司马略	嗣王司马据	嗣王司马俊·				·彭城王司马纮子	
	南阳王司马模	嗣王司马保	嗣王司马瞻·				·宗室子	
范阳康王司马绥	嗣王司马虓·	嗣王司马黎					·南阳王司马模子	

高祖宣帝司马懿九子

第二代	第三代	第四代	第五代	第六代	第七代	第八代	
景帝司马师	齐王司马攸·	嗣王司马冏					·文帝司马昭子
文帝司马昭	①武司马炎	②惠司马衷					
平原王司马干	安德公司马永						
汝南成王司马亮	(怀)司马矩	(威)司马祐	(恭)司马统	嗣王司马义	嗣王司马遵之		
	西阳王司马羕						
	南顿王司马宗						
琅邪武王司马伷	(恭)司马觐	⑦元司马睿	⑧明司马绍	⑨成司马衍	⑰恭司马德文·		
	武陵壮王司马澹	(哀)司马喆	(威)司马晞·				·七任帝司马睿子
	东安王司马繇	嗣王司马浑·					·琅邪恭王司马觐子

	淮陵元王 司马漼	（贞） 司马融					
清惠亭侯 司马京	嗣侯 司马机·						·文帝司马昭子
扶风武王 司马骏	新野庄王 司马歆						
梁孝王 司马肜		（怀） 司马禧·	（声） 司马翘	嗣王 司马[illegible]·	嗣王 司马龢	嗣王 司马珍之	·禧　武陵庄王 司马澹子 ·珑　武陵威王 司马晞子
③赵王 司马伦	太子 司马荂						

文帝司马昭九子

第三代	第四代	第五代					
①武 司马炎	②惠 司马衷						
齐献王 司马攸	东莱王 司马蕤	华容王 司马遵					
	（武闵） 司马冏	嗣王 司马超					
	北海王 司马寔						
	齐王 司马柔之·	嗣王 司马建之					·南顿王司马宗子
城阳哀王 司马兆							
辽东悼 惠王 司马定国							

广汉殇王 司马广德	（冲） 司马赞·						·齐献王司马攸子
乐安平王 司马鉴	（殇） 司马籍	广阳王 司马冰·					·齐武闵王司马冏子
燕王 司马机							
皇子 司马永祚							
乐平王 司马延祚							

一任帝世祖武帝司马炎二十六子(八子无传)

第四代	第五代	第六代					
②惠 司马衷	愍怀太子 司马遹	皇太孙 司马臧					
毗陵悼王 司马轨							
秦献王 司马柬							
城阳怀王 司马景							
楚隐王 司马玮	襄阳王 司马范						
长沙厉王 司马乂	嗣王 司马硕						
城阳殇王 司马宪							
东海冲王 司马祗							

始平哀王 司马裕	汉王 司马迪·						·淮南忠王司马允子
淮南忠王 司马允	嗣王 司马祥·						·吴敬王司马晏子
代哀王 司马演	中都王 司马廓·						·成都王司马颖子
新都王 司马该							
清河康王 司马遐	嗣王 司马覃						
	广川王 司马端						
汝阴哀王 司马谟							
吴敬王 司马晏	⑥愍 司马邺						
勃海殇王 司马恢							
⑤怀 司马炽	皇太子 司马铨·						·清河康王司马遐子
成都王 司马颖							

七任帝中宗元帝司马睿六子

第五代	第六代	第七代	第八代					
⑧明 司马绍	⑨成 司马衍	⑫哀 司马丕						
		⑬ 司马奕						

	⑩康 司马岳	⑪穆 司马聃						
琅邪孝王 司马褒	(哀) 司马安国							
东海哀王 司马冲								
武陵威王 司马晞	(忠敬) 司马遵	(定) 司马季度	嗣王 司马球之					
琅邪悼王 司马焕								
⑭简文 司马昱	⑮孝武 司马曜	⑯安 司马德宗						

十四任帝简文帝司马昱七子

第六代	第七代						
会稽王 世子 司马道生	司马珣之·						·西阳王司马羕玄孙
皇子 司马俞生							
临川献王 司马郁							
皇子 司马朱生							
司马天流							
⑮孝武 司马曜	⑯安 司马德宗						
	⑰恭 司马德文						

会稽文孝王司马道子	世子司马元显							

附一:琅邪王世系(12任　传位6代)

第二代	第三代	第四代	第五代	第六代	第七代			
①武王司马伷	②恭王司马觐	③七任帝司马睿	④孝王司马裒	⑤王司马安国				
			⑥悼王司马焕					
			八任帝司马绍	⑧十任帝司马岳				
				九任帝司马衍	⑨十二任帝司马丕			
					⑩十三任帝司马奕			
			⑦十四任帝司马昱	⑪嗣王司马道子				
				十五任帝司马曜	⑫十七任帝司马德文			

附二:八王之乱世系(291—311)

第一代	第二代	第三代	第四代	备注
宣帝司马懿	文帝司马昭	一任帝司马炎	二任帝司马衷皇后贾南风	306年,司马越毒死司马衷
			②楚王司马玮	291年,贾南风杀司马玮
			⑤长沙王司马乂	304年,司马越擒司马乂送司马颙将张方杀之

			淮南王 司马允	
			⑥成都王 司马颖	304 年，司马越奉司马衷讨司马颖，军败，司马颖掳司马衷
		齐王 司马攸	④嗣王 司马冏	302 年，司马乂杀司马冏
	①汝南王 司马亮			291 年，贾南风诏司马玮杀司马亮，八王之乱始
	③赵王 三任帝 司马伦			301 年，司马伦篡位，司马冏起兵杀之
	梁王 司马肜			
魏东 武城侯 司马馗	高密王 司马泰	⑧东海王 司马越		311 年，司马越病死军中，军大溃，西晋亡，八王之乱终
		南阳王 司马模		
	范阳王 司马绥	嗣王 司马虓		
安平王 司马孚	太原王 司马瓌	⑦河间王 司马颙		304 年，司马颙迫司马衷迁都长安。 306 年，为司马模所杀

南宋

开国皇族

父辈	第一代	第二代	第三代	第四代			
孝穆帝 刘翘	①武 刘裕	③文 刘义隆	⑤孝武 刘骏	⑥ 刘子业			
	长沙景王 刘道怜	（成） 刘义欣	（悼） 刘瑾				
			领军将军 刘韫				
			刘述				
		桂阳恭侯 刘义融	（孝） 刘觊				
			郢州刺史 刘袭	嗣侯 刘晃			
		新渝惠侯 刘义宗	尚书令 刘秉				
	临川烈 武王 刘道规	（康） 刘义庆·	（哀） 刘晔	嗣王 刘绰			·长沙景王刘道怜子
彭城内史 刘涓子	营浦侯 刘遵考	司空主簿 刘琨之					
	金紫光禄 大夫 刘思考	益州刺史 刘季连					

一任帝高祖武帝刘裕七子

第二代	第三代	第四代					
②少 刘义符							
庐陵 孝献王 刘义真	嗣王 刘绍·	嗣王 刘敬先·					·绍　文帝刘义隆子 ·敬　先南平穆王 刘铄子
③文 刘义隆	⑤孝武 刘骏	⑥ 刘子业					

	⑦明 刘彧	⑧ 刘昱					
彭城王 刘义康	刘允						
江夏 文献王 刘义恭							
南郡王 刘义宣	卫尉卿 刘恢						
	宜阳王 刘恺						
衡阳文王 刘义季							

诸王

其父	封爵及姓名							
③文 刘义隆 第二代 十九子	④ 刘劭	始兴王 刘濬	⑤孝武 刘骏	南平穆王 刘铄	庐陵昭王 刘绍	竟陵王 刘诞	建平宣 简王 刘宏	庐江王 刘祎
	晋熙王 刘昶	武昌王 刘浑	⑦明 刘彧	始安王 刘休仁	晋平王 刘休祐	海陵王 刘休茂	鄱阳哀王 刘休业	临庆冲王 刘休倩
	新野怀王 刘夷父	桂阳王 刘休范	巴陵哀王 刘休若					
⑤孝武 刘骏 第三代 二十八子	⑥ 刘子业	豫章王 刘子尚	晋安王 刘子勋	安陆王 刘子绥	皇子 刘子深	寻阳王 刘子房	临海王 刘子顼	始平 孝敬王 刘子鸾
	永嘉王 刘子仁	皇子 刘子凤	始安王 刘子真	皇子 刘子玄	邵陵王 刘子元	齐敬王 刘子羽	皇子 刘子衡	淮南王 刘子孟
	皇子 刘子况	南平王 刘子产	晋陵孝王 刘子云	皇子 刘子文	庐陵王 刘子舆	南海哀王 刘子师	淮阳思王 刘子霄	皇子 刘子雍
	皇子 刘子趋	皇子 刘子期	东平王 刘子嗣	皇子 刘子悦				
⑦明 刘彧 第三代 十二子	⑧ 刘昱	皇子 刘法良	⑨顺 刘准	皇子 刘智井	晋熙王 刘燮	邵陵殇王 刘友	江夏王 刘跻	武陵王 刘赞
一子无 传第三代 二十八子	随阳王 刘翙	新兴王 刘嵩	始建王 刘禧					

南齐

齐梁同源世系

<table>
<tr><td rowspan="9">（晋）
淮阴令
萧整</td><td rowspan="4">即丘令
萧儁
（齐始祖）</td><td rowspan="4">辅国参军
萧乐子</td><td rowspan="4">（宋）
龙骧将军
萧承之</td><td rowspan="2">齐①高
萧道成</td><td rowspan="2">②武
萧赜</td><td rowspan="2">文惠太子
萧长懋</td><td>③
萧昭业</td><td></td></tr>
<tr><td>④
萧昭文</td><td></td></tr>
<tr><td rowspan="2">始安王
萧道生</td><td rowspan="2">⑤明
萧鸾</td><td>⑥
萧宝卷</td><td></td><td></td></tr>
<tr><td>⑦和
萧宝融</td><td></td><td></td></tr>
<tr><td rowspan="5">济阴
太守
萧辖
（梁始祖）</td><td rowspan="5">州治
中从事
萧副子</td><td rowspan="5">治书侍
御史
萧道赐</td><td rowspan="4">（齐）
临湘侯
萧顺之</td><td rowspan="3">梁①武
萧衍</td><td>②简文
萧纲</td><td></td><td></td></tr>
<tr><td rowspan="2">昭明太子
萧统</td><td>豫章王
萧欢</td><td></td></tr>
<tr><td>⑦宣
萧詧</td><td></td></tr>
<tr><td>④元
萧绎</td><td>⑥敬
萧方智</td><td></td><td></td></tr>
<tr><td>长沙王
萧懿</td><td>⑤闵
萧渊明</td><td></td><td></td><td></td></tr>
</table>

皇族

<table>
<tr><th>父辈</th><th>第一代</th><th>第二代</th><th>第三代</th><th>第四代</th><th></th><th></th><th></th></tr>
<tr><td rowspan="6">文帝
萧承之</td><td>衡阳元王
萧道度</td><td>嗣王
萧钧·</td><td>嗣王
萧子珉·</td><td></td><td></td><td></td><td>·钧　一任帝
萧道成子
·珉　二任帝
萧赜子</td></tr>
<tr><td rowspan="4">始安贞王
萧道生</td><td rowspan="2">（靖）
萧凤</td><td>嗣王
萧遥光</td><td></td><td></td><td></td><td></td></tr>
<tr><td>曲江公
萧遥欣</td><td>萧几</td><td></td><td></td><td></td></tr>
<tr><td>⑤明
萧鸾</td><td>⑥
萧宝卷</td><td></td><td></td><td></td><td></td></tr>
<tr><td>安陵昭王
萧缅</td><td>湘东王
萧宝晊</td><td></td><td></td><td></td><td></td></tr>
<tr><td>①高
萧道成</td><td>②武
萧赜</td><td>文惠太子
萧长懋</td><td>③
萧昭业</td><td></td><td></td><td></td></tr>
</table>

				④ 萧昭文			
员外郎 萧爱之	始兴中军 萧敬宗	新吴侯 萧景先	中郎司马 萧毅				
中兵参军 萧始之	南丰伯 萧赤斧	南丰侯 萧颖胄					
		作唐侯 萧颖达	嗣侯 萧敏				
员外郎 萧道清	桂阳下军 萧仙伯	安复侯 萧诞					
		衡阳公 萧谌					
		西昌侯 萧诔					
太中大夫 萧道济	武进令 萧欣祖	临汝侯 萧坦之					

诸王

其父	封爵及姓名							
①高 萧道成 第一代 十九子 四子无传	②武 萧赜	豫章 文献王 萧嶷	临川献王 萧映	长沙威王 萧晃	武陵昭王 萧晔	安成恭王 萧暠	鄱阳王 萧锵	晋熙王 萧銶
	桂阳王 萧铄	始兴简王 萧鑑	宜都王 萧铿	衡阳王 萧钧	江夏王 萧锋	河东王 萧铉	南平王 萧锐	
②武 萧赜 第二代 二十三子 四子无传	文惠太子 萧长懋	竟陵文宣王 萧子良	庐陵王 萧子卿	巴东王 萧子响	安陆王 萧子敬	建安王 萧子真	晋安王 萧子懋	衡阳王 萧子峻
	随郡王 萧子隆	西阳王 萧子明	南海王 萧子罕	巴陵王 萧子伦	邵陵王 萧子贞	临贺王 萧子岳	西阳王 萧子文	南康王 萧子琳
	衡阳王 萧子珉	湘东王 萧子建	南郡王 萧子夏					
⑤明 萧鸾 第二代 十一子 二子无传	⑥ 萧宝卷	江夏王 萧宝玄	鄱阳王 萧宝寅	⑦和 萧宝融	巴陵隐王 萧宝义	晋熙王 萧宝嵩	庐陵王 萧宝源	邵陵王 萧宝修
	桂阳王 萧宝贞							

南梁

南宋治书御史萧道赐三子

父辈	第一代	第二代						
步兵校尉 萧尚之	广德令 萧灵钧	东昌侯 萧謇						
文帝 萧顺之	①武 萧衍	②简文 萧纲						
齐东阳太守 萧崇之	吴平忠侯 萧景	（光） 萧劢						
		西乡侯 萧劝						
		曲江侯 萧勃						
		东乡侯 萧勔						
	衡州刺史 萧昌							
	湘阴恭侯 萧昂							
	晋陵太守 萧昱							

文帝萧顺之十子

第一代	第二代	第三代	第四代	第五代				
尚书令 萧懿	长沙元王 萧业	（章） 萧孝俨	嗣王 萧沓					
	西昌侯 萧藻	世子 萧彧						
	临汝灵侯 萧猷	长沙王 萧韶						
		南安侯 萧骏						

	建康王 萧朗						
	⑤闵 萧渊明						
谘议参军 萧敷	永阳恭王 萧伯游						
①武 萧衍	昭明太子 萧统	豫章王 萧欢	③ 萧栋				
		⑦宣 萧詧	⑧明 萧岿	⑨靖 萧琮			
	②简文 萧纲						
	④元 萧绎	⑥敬 萧方智					
江陵侯 萧畅	衡阳孝王 萧元简	嗣王 萧猷					
齐太子 洗马 萧融	桂阳敦王 萧象·	嗣王 萧慥					·萧懿子
临川靖 惠王 萧宏	哀世子 萧正仁						
	平乐侯 萧正义						
	临贺王 萧正德	世子 萧见理					
	乐山侯 萧正则						
	建安敏侯 萧正立	嗣侯 萧贲					
	封山侯 萧正表						
	武化侯 萧正信						

<table>
<tr><td rowspan="2">安成康王
萧秀</td><td>（炀）
萧机</td><td>嗣王
萧操</td><td></td><td></td><td></td><td></td><td></td></tr>
<tr><td>南浦侯
萧推</td><td></td><td></td><td></td><td></td><td></td><td></td></tr>
<tr><td rowspan="3">南平元
襄王
萧伟</td><td>（靖节）
萧恪</td><td></td><td></td><td></td><td></td><td></td><td></td></tr>
<tr><td>衡山僖侯
萧恭</td><td>给事
黄门侍郎
萧静</td><td></td><td></td><td></td><td></td><td></td></tr>
<tr><td>定襄侯
萧祇</td><td></td><td></td><td></td><td></td><td></td><td></td></tr>
<tr><td rowspan="5">鄱阳忠
烈王
萧恢</td><td>嗣王
萧范</td><td>世子
萧嗣</td><td></td><td></td><td></td><td></td><td></td></tr>
<tr><td>南安侯
萧恬</td><td></td><td></td><td></td><td></td><td></td><td></td></tr>
<tr><td>武林侯
萧谘</td><td></td><td></td><td></td><td></td><td></td><td></td></tr>
<tr><td>宜丰侯
萧修</td><td></td><td></td><td></td><td></td><td></td><td></td></tr>
<tr><td>丰城侯
萧泰</td><td></td><td></td><td></td><td></td><td></td><td></td></tr>
<tr><td rowspan="3">始兴忠
武王
萧憺</td><td>嗣王
萧亮</td><td></td><td></td><td></td><td></td><td></td><td></td></tr>
<tr><td>新渝宽侯
萧暎</td><td></td><td></td><td></td><td></td><td></td><td></td></tr>
<tr><td>上黄替侯
萧晔</td><td></td><td></td><td></td><td></td><td></td><td></td></tr>
</table>

一任帝高祖武帝萧衍八子

第二代	第三代	第四代	第五代					
昭明太子 萧统	豫章安王 萧欢	② 萧栋						
	河东王 萧誉							
	⑦宣 萧詧	⑧明 萧岿	⑨靖 萧琮					
	武昌王 萧警							
	义阳王 萧鉴							
豫章王 萧综								
②简文 萧纲	哀太子 萧大器							
南康简王 萧绩	嗣王 萧会理							
	祈阳侯 萧通理							
	安乐侯 萧乂理							
庐陵威王 萧续	萧凭							
	嗣王 萧应							
邵陵攜王 萧纶	汝南侯 萧坚							
	永安侯 萧确							
④元 萧绎	武烈世子 萧方等	永嘉王 萧庄						
	⑥敬 萧方智							
武陵王 萧纪	世子 萧圆照							
	江安侯 萧圆正							

诸王

其父	封爵及姓名							
②简文 萧纲 第二代 二十三子 六子无传	哀太子 萧大器	南郡王 萧大连	寻阳王 萧大心	南海王 萧大临	安陆王 萧大春	浏阳公 萧大雅	新兴王 萧大庄	西阳王 萧大钧
	武宁王 萧大威	建平王 萧大球	义安王 萧大昕	绥建王 萧大挚	临川王 萧大欵	桂阳王 萧大成	汝南王 萧大封	乐良王 萧大圜
	皇子 萧大训							
④元 萧绎 第二代 五子	武烈世子 萧方等	贞惠世子 萧方诸	始安王 萧方略	愍怀太子 萧方矩	⑥敬 萧方智			
⑦宣 萧詧 第三代	孝惠太子 萧嶚	⑧明 萧岿	安平王 萧岩	东平王 萧岌	吴郡王 萧岑			
⑧明 萧岿 第四代	⑨靖 萧琮	义兴王 萧瓛	晋陵王 萧瑑	临海王 萧璟	南海王 萧珣	义安王 萧玚	新安王 萧瑀	

陈

皇族

父辈	第一代	第二代	第三代	第四代			
景帝 陈文赞	始兴昭烈王 陈道谭	②文 陈蒨	③废 陈伯宗				
		④宣 陈顼	③后主 陈叔宝				
	①武 陈霸先	衡阳献王 陈昌	嗣王 陈伯信·				·二任帝陈蒨子
	南康忠壮王 陈休先	（愍） 陈昙朗	嗣王 陈方泰				
			临汝侯 陈方庆				
		永修定侯 陈拟	嗣侯 陈党				
		钟陵侯 陈褒					
		建城侯 陈晃					
		上饶侯 陈炅					
			虔化侯 陈沙				
			吉阳侯 陈喧				
			豫宁侯 陈祏				
			遂兴侯 陈详	嗣侯 陈正理			
			宜黄侯 陈慧纪	陈正平			
			宁都侯 陈敬雅				
			平固侯 陈敬恭				

诸王

其父	封爵及姓名							
②文 陈蒨 第二代 十三子 二子无传	③废 陈伯宗	始兴王 陈伯茂	鄱阳王 陈伯山	晋安王 陈伯恭	新安王 陈伯固	衡阳王 陈伯信	庐陵王 陈伯仁	江夏王 陈伯义
	武陵王 陈伯礼	永阳王 陈伯智	桂阳王 陈伯谋					
④宣 陈顼 第二代 四十二 子十一 子无传	⑤后主 陈叔宝	始兴王 陈叔陵	豫章王 陈叔英	长沙王 陈叔坚	宜都王 陈叔明	建安王 陈叔卿	河东王 陈叔献	新蔡王 陈叔齐
	晋熙王 陈叔文	义阳王 陈叔达	新会王 陈叔坦	淮南王 陈叔彪	巴山王 陈叔雄	始兴王 陈叔重	寻阳王 陈叔俨	岳阳王 陈叔慎
	武昌王 陈叔虞	湘东王 陈叔平	临贺王 陈叔敖	沅陵王 陈叔兴	阳山王 陈叔宣	西阳王 陈叔穆	南安王 陈叔俭	南郡王 陈叔澄
	岳山王 陈叔韶	太原王 陈叔匡	新兴王 陈叔纯	巴东王 陈叔谟	临海王 陈叔显	新宁王 陈叔隆	新昌王 陈叔荣	
⑤后主 陈叔宝 第三代 二十二子	太子 陈深	会稽王 陈庄	吴兴王 陈胤	南海王 陈虔	南平王 陈嶷	永嘉王 陈彦	邵陵王 陈兢	钱唐王 陈恬
	信义王 陈祗	东阳王 陈恮	吴郡王 陈藩	皇子 陈总	皇子 陈观	皇子 陈明	皇子 陈纲	皇子 陈统
	皇子 陈冲	皇子 陈洽	皇子 陈缙	皇子 陈绰	皇子 陈威	皇子 陈辩		

北魏

部落时代诸酋长

<table>
<tr><td rowspan="9">①神元帝
拓跋
力微</td><td rowspan="6">文帝
拓跋
沙漠汗</td><td rowspan="2">桓帝
拓跋
猗㐌</td><td>⑩惠帝
拓跋
贺傉</td><td></td><td></td><td></td><td></td><td></td></tr>
<tr><td>⑪⑬炀帝
拓跋
纥那</td><td></td><td></td><td></td><td></td><td></td></tr>
<tr><td>⑥穆帝
拓跋
猗卢</td><td>拓跋
六修</td><td></td><td></td><td></td><td></td><td></td></tr>
<tr><td></td><td>⑦
拓跋
普根</td><td>⑧
拓跋</td><td></td><td></td><td></td><td></td></tr>
<tr><td rowspan="2">④思帝
拓跋弗</td><td rowspan="2">⑨平文帝
拓跋
郁律</td><td>⑫⑭烈帝
拓跋
翳槐</td><td></td><td></td><td></td><td></td></tr>
<tr><td>⑮昭成帝
拓跋
什翼犍</td><td>献明帝
拓跋寔</td><td>⑯一任帝
太祖
拓跋珪</td><td>二任帝
太宗
拓跋嗣</td><td></td></tr>
<tr><td>②章帝
拓跋
悉鹿</td><td></td><td></td><td></td><td></td><td></td><td></td><td></td></tr>
<tr><td>③平帝
拓跋绰</td><td></td><td></td><td></td><td></td><td></td><td></td><td></td></tr>
<tr><td>⑤昭帝
拓跋
禄官</td><td></td><td></td><td></td><td></td><td></td><td></td><td></td></tr>
</table>

皇族

<table>
<tr><td rowspan="3">神元帝拓跋力微之后</td><td>上谷公
拓跋纥罗</td><td>襄城王
拓跋题</td><td>襄城公
拓跋悉</td><td></td><td></td></tr>
<tr><td>建德公
拓跋婴</td><td></td><td></td><td></td><td></td></tr>
<tr><td>真定侯
拓跋陆</td><td></td><td></td><td>徐州刺史
拓跋轨</td><td></td></tr>
</table>

章帝拓跋悉鹿之后	武陵侯 拓跋因				
	长乐王 拓跋寿乐				
昭帝拓跋禄官之后	梁都公 拓跋颓				
桓帝拓跋猗㐌之后	曲阳侯 拓跋素延				
	顺阳公 拓跋郁				
	宜都王 拓跋目辰				
疏族	文安公 拓跋泥	元成侯 拓跋屈	长沙公 拓跋磨浑		
一任帝太祖拓跋珪族弟	吉阳男 拓跋比干				
	江夏公 拓跋吕				

平文帝拓跋郁律诸子

		第一代	第二代	第三代	第四代	第五代	第六代
烈帝 拓跋翳槐	武卫 将军 拓跋谓	巨鹿太守 拓跋乌真	乐城侯 拓跋兴都	东阳王 元丕	元隆		
				河间公 元齐	建阳子 元兰	建忠伯 元志	
昭成帝 拓跋 什翼犍	献明帝 拓跋寔	①太祖 拓跋珪	②太宗 拓跋嗣	③世祖 拓跋焘	④ 拓跋余	⑤高宗 拓跋濬·	⑥显祖 拓跋弘
拓跋屈							
高凉神武王 拓跋孤	拓跋斤	平阳王 拓跋真乐	高凉懿王 拓跋礼	嗣王 拓跋那	嗣王 拓跋纥	太原郡公 元大曹	
			襄邑子 拓跋陵	柔玄镇将 拓跋瓌	华山王 元鸷	嗣王 元大器	

		松滋侯 拓跋度	襄阳侯 拓跋乙斤	艾陵男 元平	艾陵伯 元苌	嗣伯 元子华	
						安定子 元子思	
				游击将军 元长生	上党王 元天穆	嗣王 元俨	
		西河公 拓跋敦					

昭成帝拓跋什翼犍诸子

	第一代	第二代	第三代	第四代	第五代	第六代	第七代	
拓跋寔君		林虑侯 拓跋勿期	真定侯 拓跋六状					
献明帝 拓跋寔	①太祖 拓跋珪	②太宗 拓跋嗣	③世祖 拓跋焘	④ 拓跋余	⑤高宗 拓跋濬·	⑥显宗 拓跋弘	⑦高祖 元宏	
拓跋窟咄								
秦明王 拓跋翰	卫王 拓跋仪	新蔡公 拓跋干	沛郡公 拓跋祯	太中大夫 拓跋瑞				
	阴平熹王 拓跋烈							
	秦愍王 拓跋觚	豫章王 拓跋夔						
拓跋寿鸠	常山王 拓跋遵	(康) 拓跋素	嗣王 拓跋陪斤	尚书 拓跋照	临淄子 拓跋玄			
				尚书右丞 拓跋绍				
			城阳公 拓跋忠	徐州刺史 拓跋寿兴				
拓跋纥根	蒲城侯 拓跋颤	陇西公 拓跋岭	嗣公 拓跋琛					

	陈留桓王 拓跋虔	朱提王 拓跋悦						
		（景） 拓跋崇	陈留公 拓跋建	恒朔二州 刺史 拓跋琛				
拓跋 地干	毗陵王 拓跋顺							
拓跋 力真	辽西公 拓跋意烈	武遂子 拓跋拔干	武邑公 拓跋受洛	武川 镇将 拓跋 叱奴	北军将 拓跋 洪超			
	彭城公 拓跋勃善	宰官尚书 拓跋浑	阳丰公 拓跋库汗	嗣公 拓跋古辰				

一任帝太祖道武帝拓跋珪十子

第二代	第三代	第四代	第五代	第六代	第七代	第八代	第九代	
②太宗 拓跋嗣	③世祖 拓跋焘	④ 拓跋余	⑤高宗 拓跋濬·	⑥显祖 拓跋弘	⑦高祖 元宏	⑧世宗 元恪	⑨肃示 元诩	
清河王 拓跋绍								
阳平王 拓跋熙	淮南靖王 拓跋他	世子 元吐万	（僖） 元显	（康） 元世遵	嗣王 元敬尧	嗣王 元宣洪		
		元钟葵	徐州刺史 元法僧					
河南王 拓跋曜	武昌成王 元提	（简） 元平原	嗣王 元和	嗣王 元谦	嗣王 元琴			
			（悼） 元鉴	员外郎 元伯宗				
河间王 拓跋修	略阳王 元羯儿							
长乐王 拓跋处文								

广平王 拓跋连	南平王 元浑·	(安) 元宵	嗣王 元纂	(哀) 元伯和			·阳平王拓跋熙子	
京兆王 拓跋黎	江阳王 元根		京兆武烈王 元继·	嗣王 元乂			·广平安王元霄子	
皇子 拓跋浑								
皇子 拓跋聪								

二任帝太宗明元帝拓跋嗣七子

第三代	第四代	第五代	第六代	第七代	第八代	第九代		
③世祖 拓跋焘	④ 拓跋余	⑤高宗 拓跋濬·	⑥显祖 拓跋弘	⑦高祖 元宏	⑧世宗 元恪	⑨肃宗 元诩		
乐平庆王 拓跋丕	嗣王 元拔							
安定殇王 拓跋弥								
乐安宣王 拓跋范	(简) 元良							
永昌庄王 拓跋健	嗣王 元仁							
建宁王 拓跋崇	济南王 元丽							
新兴王 拓跋俊								

三任帝世祖太武帝拓跋焘十一子(五子无传)

第四代	第五代	第六代	第七代	第八代	第九代			
景穆太子 拓跋晃	⑤高宗 拓跋濬	⑥显祖 拓跋弘	⑦高祖 元宏	⑧世宗 元恪	⑨肃宗 元诩			
晋王 拓跋伏罗								

东平王 拓跋翰	嗣王 元道符							
临淮宣王 拓跋谭	长乡侯 元提	济南康王 元昌						
		万年乡男 元孚						
广阳简王 拓跋建间	（懿烈） 元嘉	（忠武） 元深	（文献） 元湛					
④ 拓跋余								

景穆太子拓跋晃十四子

第五代	第六代	第七代	第八代	第九代			
⑤高宗 拓跋濬	⑥显祖 拓跋弘	⑦高祖 元宏	⑧世宗 元恪	⑨肃宗 元诩			
阳平幽王 拓跋新城	（庄） 元颐		嗣王 元宗胤				
京兆康王 拓跋子推	西河王 元太兴	嗣王 元昂	（文） 元琮				
		汝阳王 元暹	嗣王 元冲				
	饶阳县男 元遥						
济阴惠王 拓跋小新城	嗣王 元郁	（文献） 元弼	嗣王 元晖业				
	太中大夫 元偃	（静） 元诞	嗣王 元抚				
	尚书 左仆射 元丽	徐州刺史 元显和					

汝阴灵王 拓跋天赐	（威） 元逞	嗣王 元庆和					
乐浪厉王 拓跋万寿	（康） 元乐平	嗣王 元长命	嗣王 元忠				
康平殇王 拓跋洛侯	济南王 元匡·	嗣王 元献					·阳平幽王 拓跋新城子
任城康王 拓跋云	（文宣） 元澄	东阿县公 元顺	嗣公 元朗				
		（文） 元彝	嗣王 元度世				
	高平侯 元嵩	武阳县公 元世儁					
南安惠王 拓跋桢	中山献 武王 元英	（文庄） 元熙	嗣王 元叔仁	嗣王 元琳			
		东平文 夏王 元略	嗣王 元景式				
	拔风王 元怡	⑫ 元晔					
城阳康王 拓跋长寿	（怀） 元鸾	（文献） 元徽	嗣王 元延				
章武敬王 拓跋太洛	嗣王 元彬·	（庄武） 元融	⑭ 元朗				·南安惠王 拓跋桢子
乐陵密王 拓跋胡儿	（惠） 元景略	（嗣王） 元霸					
安定靖王 拓跋休	嗣王 元燮	嗣王 元超	嗣王 元孝景				
	前将军 元愿平	直阁将军 元绪	南郡王 元长春				

	东莱王 元贵平						
赵王 拓跋深							

五任帝高示文成帝拓跋濬七子

第六代	第七代	第八代	第九代				
⑥显祖 拓跋弘	⑦高祖 元宏	⑧世宗 元恪	⑨肃宗 元诩				
安乐厉王 拓跋长乐	（武康） 元铨	嗣王 元鉴					
		颍川王 元斌之					
广川庄王 拓跋略	（刚） 元谐	（悼） 元灵道					
齐郡顺王 拓跋简	（敬） 元祐						
河间孝王 拓跋若	嗣王 元琛·						·齐郡顺王 拓跋简子
安丰匡王 拓跋猛	（文宣） 元延明						
韩安王 拓跋安							

六任帝显祖献文帝拓跋弘七子

第七代	第八代	第九代	第十代					
⑦高祖 元宏	⑧世宗 元恪	⑨肃宗 元诩	⑩ 元钊·					
咸阳王 元禧	嗣王 元坦							
赵灵王 元干	（贞景） 元谧	（宣恭） 元毓						

广陵惠王 元羽	⑬节闵 元恭						
高阳 文穆王 元雍	(文孝) 元泰	嗣王 元斌					
北海平王 元详	嗣王 元颢	嗣王 元娑罗					
彭城 宣武王 元勰	无上王 元劭	嗣王 元韶					
	⑪敬宗 元子攸						

七任帝高祖孝文帝元宏七子

第八代	第九代	第十代						
皇太子 元恂								
⑧世宗 元恪	⑨肃宗 元诩							
京兆王 元愉	临洮王 元宝晖	⑩ 元钊						
	⑯文 元宝炬	⑰ 元钦						
		⑱恭 拓跋廓						
清河 文献王 元怿	(文宣) 元亶	⑯孝静 元善见 (东魏)						
广平 武穆王 元怀	⑮孝武 元修							
汝南 文宣王 元悦								
皇子 元恌								

北齐

皇族

祖父辈	父辈	第一代	第二代	第三代	第四代		
高谧	文穆帝 高树	神武帝 高欢	①文宣 高洋	③ 高殷			
		赵郡王 高琛	嗣王 高叡	仪同三司 高整信			
	孝宣公 高翻	清河王 高岳	嗣王 高劢	高士廉			
广平公 高盛	昌平王 高子瑗·						·高谧子
			阳州公 高永乐	修城郡王 高孝绪·			·上洛王高思宗子
			广武王 高长弼				
			上洛王 高思宗	郑州刺史 高元海			
			南安王 高思好				
			高归义	武兴王 高普			
			平秦王 高归彦				
			齐州刺史 高建国				
			长乐太守 高灵山	建国侯 高伏护·	嗣侯 高乂		·齐州刺史高建国子

高祖神武帝高欢十五子

第二代	第三代	第四代					
文襄帝 高澄	河南王 高孝瑜	嗣王 高弘节					

	广宁王 高孝珩						
	河间王 高孝琬						
	兰陵王 高长恭						
	安德王 高延宗						
	渔阳王 高绍信						
①文宣 高洋	② 高殷						
	太原王 高绍德	嗣王 高辩才·					·范阳王高绍义子
	范阳王 高绍义						
	西河王 高绍仁						
	陇西王 高绍廉						
永安 简平王 高浚	嗣王 高准·						·彭城景思王 高浟子
平阳 靖翼王 高淹	嗣王 高德素						
彭城 景思王 高浟	嗣王 高宝德						
③孝昭 高演	襄城王 高亮						
	乐陵王 高百年						
	汝南王 高彦理						

	始平王 高彦德						
	城阳王 高彦基						
	定阳王 高彦康						
	汝阳王 高彦忠						
上党 刚肃王 高涣	嗣王 高宝严						
襄城景王 高清	嗣王 高亮·						·三任帝高演子
④武成 高湛	南阳王 高绰						
	⑤后主 高纬	⑥幼主 高恒					
	琅邪王 高俨						
	齐安王 高廓						
	北平王 高贞						
	高平王 高仁英						
	淮南王 高仁光						
	西河王 高仁机						
	乐平王 高仁邕						
	颍川王 高仁俭						

	安乐王 高仁雅						
	丹阳王 高仁直						
	东海王 高仁让						
任城王 高湝							
高阳 康穆王 高湜							
博陵 文简王 高济	嗣王 高智						
华山王 高凝							
冯翊王 高润	嗣王 高茂德						
汉阳 敬怀王 高洽	嗣王 高建德·						·任城王高湝子

北周

宗室

父辈	第一代	第二代	第三代	第四代			
德帝 宇文肱	邵惠公 宇文颢	（景） 宇文 什肥	谭国公 宇文胄				
		豳孝公 宇文导	嗣公 宇文广	嗣公 宇文洽			
			西阳昭公 宇文翼	嗣公 宇文温·			·嗣公宇文亮子
			天水公 宇文众				
		晋荡公 宇文护					
	杞简公 宇文连	（烈） 宇文 光宝	嗣公 宇文亮·				·豳孝公宇文导子
			嗣公 宇文椿·				·宇文亮弟
	莒庄公 宇文 洛生	（穆） 宇文 菩提	嗣公 宇文至·				·晋荡公宇文护子
			嗣公 宇文宾·				·卫剌王宇文直子
			嗣公 宇文真·				·齐炀王宇文宪子
	文帝 宇文泰	①闵 宇文觉	②宣 宇文赟·	⑤静 宇文阐			
虞国公 宇文仲	（靖） 宇文兴	介国公 宇文洛					
宇文麒麟	宇文永	广川公 宇文测	嗣公 宇文该				
		安化成 康公 宇文深	宇文孝伯	宇文歆			

北魏 安喜侯 宇文金殿	嗣侯 宇文 显和	东平公 宇文神举	仪同 宇文同				
		汝南郡公 宇文神庆	隋驸马 宇文静				

太祖文帝宇文泰十三子

第二代	第三代	第四代					
②明 宇文毓	毕剌王 宇文贤						
	酆王 宇文贞	济阴公 宇文德文					
宋献公 宇文震	宋王 宇文寔·						·二任帝宇文毓子
①闵 宇文觉	纪厉王 宇文康	嗣王 宇文湜					
③武 宇文邕	④宣 宇文赟	⑤静 宇文阐					
		邺王 宇文衍					
		郢王 宇文术					
	汉王 宇文赞	淮阳公 宇文道德					
	秦王 宇文贽	忠诚公 宇文靖智					
	曹王 宇文允						
	道王 宇文充						

	蔡王 宇文兑						
	荊王 宇文元						
齐炀王 宇文宪	安定公 宇文贵						
	河间郡王 宇文质						
卫剌王 宇文直							
赵僭王 宇文招	德广公 宇文员						
	永康公 宇文贯						
谯孝王 宇文俭	嗣王 宇文乾恽						
陈惑王 宇文纯	世子 宇文谦						
	扈公 宇文让						
越野王 宇文盛	世子 宇文忱						
代奰王 宇文达	世子 宇文执						
	蕃国公 宇文转						
冀康王 宇文通							
滕闻王 宇文逌	怀德公 宇文祐						
	箕国公 宇文裕						

隋

开国皇族

祖父辈	父辈	第一代	第二代	第三代			
皇祖 杨祯	太祖 杨忠	①高祖 杨坚	②炀 杨广	③恭 杨侗			
		滕穆王 杨瓒	嗣王 杨纶				
		卫昭王 杨爽	嗣王 杨集				
		蔡景王 杨整	嗣王 杨智积	杨道玄			
		道宣王 杨嵩	嗣王 杨静·				·胜穆王杨瓒子
	杨爱敬	杨元孙	河间王 杨弘	郇王 杨庆			
杨钟葵	义城县公 杨处纲						
	杨盆生	惠骑将军 杨子崇					
		杨纳	观德王 杨雄	司隶大夫 杨琳			

一任帝高祖文帝杨坚五子

第二代	第三代						备注
皇太子 杨勇	长宁王 杨俨	平原王 杨裕	安成王 杨筠	安平王 杨嶷	襄城王 杨恪	高阳王 杨该	
	建安王 杨韶	颍川王 杨煚					
②炀 杨广	元德太子 杨昭	齐王 杨暕	赵王 杨杲				
秦孝王 杨俊	④ 杨浩						

蜀王 杨秀	杨瓜子						
汉王 杨谅	杨颢						

二任帝世祖炀帝杨广三子

第三代	第四代							
元德太子 杨昭	③恭 杨侑							
	燕王 杨倓							
	⑤恭 杨侗							
齐王 杨暕	隋王 杨政道							
赵王 杨杲								

唐

开国皇族

祖父辈	父辈	第一代	第二代	第三代	第四代	第五代	第六代	
景帝 李虎	世祖 李昞	①高祖 李渊	②太宗 李世民	③高宗 李治	④中宗 李显	⑨玄宗 李隆基·	⑩肃 李亨	
		梁王 李澄						
		蜀王 李湛	陇西王 李博乂					
		汉王 李洪	巴陵郡王 李盘陁					
	毕王 李璋	永安王 李孝基						
			李道			李涵		
		东平王 李韶	江夏王 李道宗					
	郑孝王 李亮	淮安王 李神通	梁郡公 李孝逸					
		襄邑王 李神符						
	郇王 李祎	长平肃王 李叔良	原州长史 李孝斌	扬州参军 李思诲	宰相 李林甫			
	蔡烈王 李冈	西平怀王 李安	襄武王 李琛	嗣公 李俭				
				河间元王 李孝恭	户部尚书 李晦			
		济南王 李哲	庐江王 李瑗					
	雍王 李绘	河南王 李贽	淮阳王 李道玄					

一任帝高祖李渊二十三子

第二代	第三代	第四代	第五代	第六代	第七代	第八代	第九代	
隐太子 李建成								
②太宗 李世民	③高宗 李治	④中宗 李显	⑨玄宗 李隆基·	⑩肃宗 李亨	⑪代宗 李豫	⑫德宗 李适	⑬顺宗 李诵	
卫怀王 李玄霸	嗣王 李保定·							·平原王李琼子
齐王 李元吉	·							
李智云								
荊王 李元景	嗣沈黎侯 李长沙·		嗣荊王 李逖					·渤海王索奉慈子
汉王 李元昌								
酆悼王 李元亨								
周王 李元方								
徐康王 李元礼	淮南王 李茂	徐王 李璀	嗣王 李延年	嗣王 李讽				
韩王 李元嘉	嗣王 李讷	嗣王 李叔璩	嗣郓王 李炜					
彭思王 李元则	南昌王 李绚·	嗣王 李志暕						·霍王李元轨子
郑惠王 李元懿	嗣王 李璥	嗣王 李希言						
霍王 李元轨	江都王 李绪	李志顺	霍王 李晖					
虢庄王 李凤	东莞郡公 李融	虢王 李邕	嗣王 李巨	嗣王 李则之				
道孝王 李元庆	嗣王 李诱	嗣王 李微	嗣王 李铢	嗣王 李实				
邓康王 李元裕	嗣王 李炅·	嗣王 李孝先						·江安王李元祥子

舒王 李元名	豫章王 李亶	舒王 李津	嗣王 李万	嗣王 李藻				
鲁王 李灵夔	范阳王 李蔼	鲁王 李道坚	邹王 李宇					
江安王 李元祥	巨鹿郡公 李晃	江王 李钦						
密贞王 李元晓	南安王 李颖	密王 李昙						
滕王 李元婴	长乐王 李循琦	滕王 李涉	嗣王 李湛然					

二任帝太宗李世民十四子

第三代	第四代	第五代	第六代	第七代	第八代	第九代	第十代	
恒山愍王 李承乾	郇国公 李象	宰相 李适之	李霅					
楚王 李宽	嗣王 李灵龟·	嗣公 李福	嗣公 李承况				·济南公李世都子	
吴王 李恪	成王 李千里	天水王 李禧	蔡国公 李灌					
	李琨	嗣王 李祗	嗣王 李巘	嗣王 李寅	李复			
濮恭王 李泰	嗣王 李欣	嗣王 李峤	襄阳 郡司马 李诚初	鸿胪丞 李倚	李自勤			
齐王 李祐								
蜀悼王 李愔	嗣王 李璠							
蒋王 李恽	嗣王 李炜	李铣	嗣王 李绍宗	嗣王 李钦福				
越敬王 李贞	琅邪王 李冲	越王 李琳·	夔国公 李随	晋州参军 李锐·	嗣越王 李存绍		·琳　许王李素节子 ·锐　李贞四世孙	
③高宗 李治	④中宗 李显	⑨玄宗 李隆基·	⑩肃宗 李亨	⑪代宗 李豫	⑫德宗 李适	⑫顺宗 李诵	⑭宪宗 李纯	
纪王 李慎	东平王 李证	徐国公 李行同	嘉州刺史 李建					

江殇王 李嚣								
代王 李简								
赵王 李福	赵王 李穆	嗣王 李思顺·					·蒋王李恽孙	
曹恭王 李明	黎国公 李杰	曹王 李胤	嗣王 李戢	嗣王(成) 李皋	李象古			
	嗣王 李备							

三任帝高宗李治八子

第四代	第五代	第六代	第七代	第八代	第九代	第十代	第十一代	
皇太子 李忠								
许王 李孝								
泽王 李上金	嗣王 李义珣	嗣王 李漶	嗣王 李润					
	嗣王 李璆·						·许王李素节子	
许王 李素节	嗣王 李璀	嗣王 李益·					·泽王李璆子	
		嗣王 李解	嗣王 李昭					
皇太子 李弘							·蒋王李恽孙	
章怀太子 李贤	邠王 李守礼	嗣王 李承宁	嗣王 李谓					
④⑥中宗 李显	⑦殇 李重茂							
⑤⑧睿宗 李旦	⑨玄宗 李隆基	⑩肃宗 李亨	⑪代宗 李豫	⑫德宗 李适	⑬顺宗 李诵	⑭宪宗 李纯	⑮穆宗 李恒	

四任帝中宗李显四子

第五代	第六代							
懿德太子 李重润								
谯王 李重福								
节愍太子 李重俊	湖阳王 李宗晖							
⑦殇 李重茂								

五任帝睿宗李旦六子

第五代	第六代	第七代	第八代	第九代	第十代	第十一代	第十二代	
宋王 李成器	汝阳王 李琎							
申王 李成义	同安王 李珣							
⑨玄宗 李隆基	⑩肃宗 李亨	⑪代宗 李豫	⑫德宗 李适	⑬顺宗 李诵	⑭宪宗 李纯	⑮穆宗 李恒	⑯敬宗 李湛	
岐王 李隆范	嗣王 李珍	嗣王 李逸						
薛王 李隆业	嗣王 李瑁	嗣王 李宓	嗣王 李知柔					
隋王 李隆悌								

中末叶诸王

（唐自九任帝李隆基后·诸王不出阁·不分房·子孙缺而不见）

其父	封爵及姓名							
⑨玄宗 李隆基 第五代 三十子 七子无传	庆王 李琮	皇太子 李瑛	⑩肃宗 李亨	棣王 李琰	鄂王 李瑶	荣王 李琬	光王 李琚	李一
	仪王 李璲	颍王 李璬	李敏	永王 李璘	寿王 李瑁	延王 李玢	盛宣王 李琦	济王 李环
	信王 李瑝	义王 李玼	陈王 李珪	丰王 李珙	恒王 李瑱	凉王 李璿	汴哀王 李璥	
⑩肃宗 李亨 第六代 十四子	⑪代宗 李豫	越王 李系	建宁王 李倓	西平王 李泌	彭王 李仅	兖王 李僩	泾王 李侹	灵昌王 李荣
	襄王 李僙	杞王 李倕	召王 李偲	兴王 李佋	定王 李侗	宋王 李僖		
⑪代宗 李豫 第七代 二十子	⑫德宗 李适	郑王 李邈	李遐	睦王 李述	丹王 李逾	恩王 李连	韩王 李迥	简王 李遘
	益王 李迺	隋王 李迅	荆王 李选	蜀王 李遡	忻王 李造	韶王 李暹	嘉王 李运	端王 李遇
	循王 李遹	恭王 李通	原王 李逵	雅王 李逸				
⑫德宗 李适 第八代 十一子	⑬顺宗 李诵	舒王 李谊	通王 李谌	虔王 李谅	肃王 李详	邕王 李源·	资王 李谦	代王 李逦
	昭王 李诚	钦王 李谔	珍王 李諴				·郑王李邈子 ·顺宗李诵子	
⑬顺宗 李诵 第九代 二十七子 四子无传	⑭宪宗 李纯	郯王 李经	均王 李纬	溆王 李纵	莒王 李纾	密王 李绸	郇王 李总	邵王 李约
	宋王 李结	集王 李缃	冀王 李绿	和王 李绮	衡王 李绚	会王 李纁	福王 李绾	珍王 李缮
	抚王 李纮	岳王 李绲	袁王 李绅	桂王 李纶	翼王 李绰	蕲王 李缉	钦王 李绩	
⑭宪宗 李纯 第十代 二十子	惠昭太子 李宁	澧王 李恽	⑮穆宗 李恒	深王 李悰	洋王 李忻	绛王 李悟	建王 李恪	鄜王 李憬
	琼王 李悦	沔王 李恂	婺王 李怿	⑲宣宗 李忱	茂王 李愔	淄王 李协	衢王 李憺	澶王 李忼
	棣王 李惴	彭王 李惕	信王 李憻	荣王 李愦				

父								
⑮穆宗 李恒 第十一代 五子	⑯敬宗 李湛	⑰文宗 李昂	漳王 李凑	安王 李溶	⑱武宗 李炎			
⑯敬宗 李湛 第十二代 五子	晋王 李普	梁王 李休复	襄王 李执中	纪王 李言扬	陈王 李成美			
⑰文宗 李昂 第十二代 五子	庄恪太子 李永	蒋王 李宗检						
⑱武宗 李炎 第十二代 五子	杞王 李峻	益王 李岘	兖王 李岐	德王 李峄	昌王 李嵯			
⑲宣宗 李忱 第十一代 十二子	⑳懿宗 李漼	雍王 李渼	雅王 李泾	通王 李滋	庆王 李沂	濮王 李泽	鄂王 李润	怀王 李洽
	昭王 李汭	康王 李汶	广王 李澭	卫王 李灌				
⑳懿宗 李漼 第十二代 八子	魏王 李佾	凉王 李侹	蜀王 李佶	威王 李偘	㉑僖宗 李儇	吉王 李保	㉒㉔昭宗 李晔	睦王 李倚
㉒僖宗 李儇 第十三代 二子	建王 李震	益王 李陞						
㉒㉔昭宗 李晔 第十三代 十七子	㉓ 李裕	㉕景宗 李柷	棣王 李祤	虔王 李禊	沂王 李禋	遂王 李祎	景王 李祕	祁王 李祺
	雅王 李禛	琼王 李祥	端王 李祯	丰王 李祁	和王 李福	登王 李禧	嘉王 李祜	颍川王 李禔
	蔡王 李祐							

南周

祖父辈	父辈	第一代	第二代	第三代	第四代			
显祖 武华	太祖 武士彟	梁宪王 武元庆	（宣） 武三思	鲁王 武崇训				
		魏德王 武元爽	（宣） 武承嗣	嗣王 武延基				
				嗣王 武延义				
				淮阳王 武延秀				
			陈王 武承业	嗣王 武延晖				
				咸安王 武延祚				
		韩国 夫人	武敏之 （贺兰）					
		①则天 武曌	唐四任帝 武显 （李）	节愍太子 李重俊				
				安乐公主 李裹儿				
			唐五任帝 武旦 （李）	唐九任帝 李隆基				
			太平公主 李					
	武士棱	武惟良	建安王 武攸宜					
			安平王 武攸绪					
			定忠简王 武攸暨					

			恒安王 武攸止					
			高平王 武重规					
	蜀节王 武士逸		河内王 武懿宗					
			临川王 武嗣宗					
			河间王 武仁范	颍川王 武载德	武平一			
	楚僖王 武士让		建昌王 武攸宁					
			九江王 武攸归					
			会稽王 武攸望					

后梁

烈祖朱诚三子

第一代	第二代							
广德靖王 朱全昱	衡王 朱友谅							
	惠王 朱友能							
	邵王 朱友诲							
朗王 朱存	安王 朱友宁							
	密王 朱友伦							
①太祖 朱温	彬王 朱友裕							
	② 朱友珪							
	福王 朱友璋							
	③末 朱友贞							
	贺王 朱友雍							
	建王 朱友徽							
	康王 朱友敬							

一任帝太祖朱温义子

姓名	原姓名	职位	姓名	原姓名	职位
朱友文	康勤	博王	朱友谦	朱简	冀王
朱友恭	李彦威	左龙虎统军	朱友让	李七郎	

后唐

皇族

祖父辈	父辈	第一代	第二代	第三代				
懿祖 朱耶执宜	献祖 李国昌	太祖 李克用	①庄宗 李存勖	魏王 李继岌				
		金吾将军 李克让						
		检校太保 李克宁						
		代州刺史 李克柔	（义子） 李嗣昭	安义留后 李继韬				
	朔州刺史 李德成	昭义节度使 李克修	海州刺史 李嗣弼					
		李克勤						
		昭义节度使 李克恭						
毅祖 李教	烈祖 李琰	德祖 李电	②明宗 李嗣源	③闵 李从厚				
				④末 李从珂				

太祖李克用八子

第二代	第三代							
①庄宗 李存勖	魏王 李继岌							
	李继潼							
	李继嵩							
	李继蟾							
	李继峣							

邕王 李存美								
薛王 李存礼								
申王 李存渥								
睦王 李存乂								
永王 李存霸								
通王 李存确								
雅王 李存纪								

太祖李克用义子

姓名	原姓名	职位	姓名	原姓名	职位	备注
李存信	张污落	郴州刺史	李存进	孙重进	魏博兵马都将	
李存孝	安敬思	邢州留后	李存贤	王贤	卢龙节度使	
李存璋		大同节度使	李存贞			
李存质		都虞侯	李嗣源	邈佶烈	二任帝明宗	
李存颢			李嗣本	张	振武节度使	
李存实			李嗣恩	骆	振武节度使	
李存审	符存审	卢龙节度使 子符彦超、 符彦饶、符彦卿	李存儒	杨婆儿	卫州刺史	
李存敬						

一任帝庄宗李存勖赐姓及义子

姓名	原姓名	职位	姓名	原姓名	职位	备注
李绍荣	元行钦	归德节度使	李绍安	袁象先	宣武节度使	
李绍宏	马	枢密使	李绍琛	康延孝	郑州防御使	
李绍崇			李绍斌	赵德钧 (赵行实)	卢龙节度使	
李绍钦	段凝	泰宁节度使	李绍真	霍彦威	保义留后	
李绍能	米君立	洺州刺史	李绍虔	王晏球	齐州防御使	
李绍奇	夏鲁奇	河阳节度使	李绍珙	刘训	山南东道节度使	
李绍英	房知温	贝州刺史	李继迁	朱友谦	护国节度使	
李绍琼	苌从简	忠武节度使	李继璟	李从审	二任帝明宗 李嗣源子·金枪 指挥使	
李绍冲	温韬	匡国节度使				

二任帝明宗李嗣源皇族

第一代	第二代	第三代	第四代					
德祖 李电	②明宗 李嗣源	金枪指挥使 李从审						
		秦王 李从荣						
		③闵 李从厚						
		许王 李从益						
		大内皇城使 李从璨						
		洋王 李从璋	虢州刺史 李重俊					

		兖王 李从温						
		泾王 李从敏						

二任帝明宗李嗣源义子

姓名	原姓名	职位	姓名	原姓名	职位	
李从珂	王	四任帝(末)				

四任帝李从珂二子

第四代								
控鹤 指挥使 李重吉								
雍王 李重美								

后晋

皇族

祖父辈	父辈	第一代	第二代	第三代				
睿祖 石翌	宪祖 石绍雍	宋王 石敬儒	②出 石重贵	镇宁 节度使 石延煦				
				威信 节度使 石延宝				
		①高祖 石敬瑭	楚王 石重信					
			寿王 石重乂					
			虢王 石重英					
			忠武 节度使 石重睿					
			陈王 石重杲					
		福王 石敬德						
		通王 石敬殷	夔王 石重进					
		剡王 石重允						
	秦王 石万友	彰圣 指挥使 石敬威	广王 石训					
		河阳 节度使 石敬赟						
	赵王 石万铨	韩王 石敬晖	嗣王 石曦					

后汉

皇族

祖父辈	父辈	第一代	第二代	第三代				
翼祖 刘僎	显祖 刘琠	①高祖 刘知远	魏王 刘承训					
			②隐 刘承祐					
			开封尹 刘承勋					
		③世宗 刘崇	武宁 节度使 刘赟					
			④和 刘承钧					
			公主 刘	⑤ 刘继恩				
				⑥ 刘继元				
		义成 节度使 刘信						

后周

皇族

父辈	第一代	第二代	第三代					
庆祖 郭简	①太祖 郭威	剡王 郭青哥						
		杞王 郭意哥						
	太子少保 柴守礼	②世宗 郭荣	越王 郭宜哥					
			吴王 郭诚					
			韩王 郭諴					
			③恭 郭宗训					
			曹王 郭熙让					
			纪王 郭熙谨					
			蕲王 郭熙诲					

前蜀

皇族

父辈	第一代	第二代						
	①高祖 王建	卫王 王宗仁						
		皇太子 王元膺						
		赵王 王宗纪						
		豳王 王宗辂						
		韩王 王宗智						
		莒王 王宗特						
		信王 王宗杰						
		鲁王 王宗鼎						
		宋王 王宗泽						
		薛王 王宗平						
		② 王宗衍						
		通王 王宗裕						
		昌王 王宗铖						

一任帝高祖王建义子

姓名	原姓名	职位	姓名	原姓名	职位	备注
王宗弼	魏弘夫	巨鹿王·中书令	王宗侃	田师侃	乐安王·中书令	
王宗浩		兴州刺史	王宗贺		兴元留后	
王宗绾	李绾	临洮王·中书令	王宗裔		琅邪王	
王宗翰	孟	集王	王宗夔		琅邪王	
王宗播	许存	临颍王·中书令	王宗黯	吉谏	琅邪王	
王宗阮	文武坚	决胜兵马都知使	王宗昱		天雄节度使	
王宗本	谢从本		王宗渥	郑渥	亲从都指挥使	
王宗涤	华洪	山南西道节度使 同平章事	王宗瑶	姜郅	临淄王·中书令	
王宗佶	甘	中书令	王宗勉	赵章		
王宗祐		彭州刺史	王宗谨	王钊		
王宗训	王茂权	武泰节度使	王宗矩	侯矩		
王宗勋			王宗朗	全师朗	雄武节度使	
王宗威		山南节度使	王宗俦		山南节度使 中书令	
王宗俨		甲申指挥使	王宗鲁		武兴节度使	
王宗铎		兴州刺史	王宗宏			
王宗范			王宗晏		永宁节度使	
王宗寿	王	嘉王·武信 节度使	王宗信		左神勇军使	
王宗弁	鹿弁	蜀州刺史	王宗汭		招讨副使	
王宗儒	杨儒		王宗锷		右定远军使	

辽

肃祖耶律耨里思四子

			第一代	第二代	第三代	第四代	
夷离堇耶律洽昚			夷离堇耶律故古鲁	北院大王耶律图鲁窟			（五院房）
懿祖耶律萨剌德	舍利耶律叙剌						
	夷离堇耶律帖剌	夷离堇耶律罨古只		六院大王耶律朗			（六院夷离堇房）
		于越耶律辖底	夷离堇耶律迭里特				
	玄祖耶律匀德实	耶律麻鲁					
		楚国王耶律岩本	耶律胡古只				（孟父房）
			夷离堇耶律楚不鲁	夷离堇耶律迭里	北院枢密使耶律安博		
			夷离堇耶律末掇	清水郡王耶律颓昱			
		隋国王耶律释鲁	惕隐耶律滑哥				（仲父房）
			夷离堇耶律绾思	北院大王耶律洼			
				宋国王耶律休哥	于越耶律高十	匡义节度使耶律马哥	

		德祖 耶律 撒拉的	①太祖 耶律 阿保机	②太宗 耶律德光	③世宗 耶律 兀欲·	⑤景宗 耶律贤	(横帐)
			惕隐 耶律剌葛	耶律赛保			(季父房)
				中京留守 耶律 拔里得			
			中台省 左大相 耶律失剌		镇国 节度使 耶律合柱		
			许王 耶律 寅底石	惕隐 耶律刘哥			
					中书令 耶律阿烈		
			明王·伟王 耶律安端	泰宁王 耶律察割			
			南府宰相 耶律苏		南府宰相 耶律瓜奴	耶律房	
						惕隐 耶律蒲吉	
	舍利 耶律 裹古直						(六院舍 利房)
舍利 耶律葛剌							(六院郎 君房)
舍利 耶律洽礼							

附一：二院皇族世系

<table>
<tr><td rowspan="6">肃祖
耶律
耨里思</td><td>①夷离堇
耶律洽昚</td><td></td><td>（五院房）</td><td rowspan="6">一、五院房六院房合称皇族二院。
二、六院房再细分为“郎君房”、“夷离堇房”、“舍利房”。</td></tr>
<tr><td>②舍利
耶律葛剌</td><td rowspan="2"></td><td rowspan="2">（郎君房）</td></tr>
<tr><td>③舍利
耶律洽礼</td></tr>
<tr><td rowspan="3">懿祖
耶律
萨剌德</td><td>④夷离堇
耶律帖剌</td><td rowspan="2">（夷离堇房）</td></tr>
<tr><td>玄祖
耶律
匀德实</td></tr>
<tr><td>⑤舍利
耶律
褭古直</td><td>（舍利房）</td></tr>
</table>

附二：四帐皇族世系

<table>
<tr><td>玄祖
耶律
匀德实</td><td>楚国王
耶律岩本</td><td></td><td>孟父房</td><td rowspan="4">一、孟、仲、季亦称“皇族三父帐”加横帐，合称皇族四帐。
二、辽俗左为贵，面东为尊，皇帝所居御帐因面东而设，东西为横，故称横帐。
三、耶律剌葛及诸弟失剌、寅底石、安瑞、苏之后，合称季父房。</td></tr>
<tr><td rowspan="3"></td><td>隋国王
耶律释鲁</td><td></td><td>仲父房</td></tr>
<tr><td>德祖
耶律撒拉的</td><td>①太祖
耶律阿保机</td><td>横帐</td></tr>
<tr><td></td><td>惕隐
耶律剌葛</td><td>季父房</td></tr>
</table>

一任帝太祖耶律阿保机四子

第二代	第三代	第四代	第五代	第六代	第七代	第八代	第九代
东丹王 耶律突欲 （李赞华）	③世宗 耶律兀欲	⑤景宗 耶律贤	⑥圣宗 耶律隆绪	⑦兴宗 耶律宗真	⑧道宗 耶律洪基	昭怀太子 耶律濬	⑨天祚 耶律延禧

	南京留守 耶律娄国						
	平王 耶律隆先	耶律陈哥					
	晋王 耶律道隐						
②太宗 耶律德光	④穆宗 耶律述律						
	齐王 耶律崇徽葛						
	耶律天德						
	冀王 耶律敌烈	耶律哇哥					
	越王 耶律必摄						
章肃皇帝 耶律李胡	宋王 耶律喜隐	耶律 留礼寿					
	卫王 耶律宛						
惕隐 耶律牙里果	耶律敌烈						
	耶律奚底						

三任帝世宗耶律兀欲三子

第四代	第五代	第六代	第七代	第八代	第九代		
庄圣太子 耶律孔阿不							
⑤景宗 耶律贤	⑥圣宗 耶律隆绪	⑦兴宗 耶律宗真	⑧道宗 耶律洪基	昭怀太子 耶律濬	⑨天祚 耶律延禧		

	秦晋国王 耶律隆庆	耶律查哥					
	齐国王 耶律隆裕	耶律 胡古都					
	耶律药师奴						
宁王 耶律只没							

六任帝圣宗耶律隆绪六子

第六代	第七代	第八代	第九代	第十代			
⑦兴宗 耶律宗真	⑧道宗 耶律洪基	昭怀太子 耶律濬	⑨天祚 耶律延禧	晋王 耶律敖鲁斡			
	宋卫国王 耶律 和鲁斡	秦晋国王 耶律淳					
	秦越国王 耶律阿琏						
秦国王 耶律重元	楚王 耶律涅古鲁						
柳城郡王 耶律别古特							
燕王 耶律吴哥			耶律术烈				
南府宰相 耶律狗儿							
混同郡王 耶律侯古							

九任帝天祚帝耶律延禧六子

第十代							
晋王 耶律敖鲁斡							

梁王 耶律雅里							
燕国王 耶律挞鲁							
赵王 耶律习泥烈							
秦王 耶律定							
许王 耶律宁							

宋

宣祖赵弘殷五子

第一代	第二代	第三代	第四代	第五代	第六代	第七代	第八代	
曹王 赵光济								
①太祖 赵匡胤	秦王 赵德芳	英国公 赵惟宪	新兴侯 赵从郁	华阴侯 赵世将	广国公 赵令谂	秀王 赵子偁	⑬孝宗 赵伯琮	
②太宗 赵光义	③真宗 赵恒	④仁宗 赵祯	⑤英宗 赵曙·	⑥神宗 赵顼	⑦哲宗 赵煦	⑩⑫高宗 赵构·	⑪ 赵敷	
魏王·齐王 秦王·涪王 （悼） 赵廷美	高密郡王 赵德恭	循国公 赵承庆	建国公 赵克继					
		武当侯 赵承寿	饶阳侯 赵克己	会稽郡公 赵叔韶				
			冯翊侯 赵克修	尹国公 赵叔充	彭城侯 赵抚之			
	广平郡王 赵德隆	顺州刺史 赵承训						
	颍川郡王 赵德彝	卢平侯 赵承矩						
	广陵郡公 赵德雍	乐平郡王 赵承亮	魏国公 赵承愉	嗣公 赵叔才				
	郧国公 赵德钧	安定郡王 赵承简						
		安定郡王 赵承乾	和国公 赵克敦	高密郡公 赵叔盎				
	江国公 赵德钦	乐安侯 赵承遵						
	金城侯 赵德润							
	申王 赵德文	乐平郡公 赵承显						
	姑臧侯 赵德愿							
	纪国公 赵德存	河东郡王 赵承衎						
岐王 赵光赞								

一任帝太祖赵匡胤四子

第二代	第三代	第四代	第五代	第六代	第七代	第八代	第九代	
滕王 赵德秀								
燕王· 魏王 吴王· 越王 (懿) 赵德昭	魏王 赵惟正	济南侯 赵从说·					·舒国公赵惟忠子	
	冀王 赵惟吉	楚国公 赵守巽	虢王 赵世清	赵令廊				
		庐江侯 赵守度	嘉国公 赵世括	房国公 赵令稼	至十一代赵贵诚，为十六任帝，见“世系篇”			
	右千牛 卫将军 赵惟固							
	舒国公 赵惟忠	东莱侯 赵从恪	崇国公 赵世规					
		韩国公 赵从蔼	成王 赵世准					
			淄王 赵世雄					
		宣城侯 赵从谨	荣国公 赵世恬	嘉国公 赵令晙	朝奉郎 赵子岌	和州 防御使 赵伯骕	兵部尚书 赵师睪	
		楚王 赵从信	益公 赵世逢	惠王 赵令廮				
	济源郡公 赵惟和	襄阳侯 赵从海	信王 赵世开					
舒王 赵德林								
秦王· 岐王 楚王(康惠) 赵德芳	高平郡王 赵惟叙	齐国公 赵从照						
	英国公 赵惟宪	新兴侯 赵从郁	华阴侯 赵世将	广国公 赵令譮	秀王 赵子偁	崇王 赵伯圭	新安郡王 赵师夔	
						⑬孝宗 赵伯琮	⑭光宗 赵惇	

		荣王 赵从式	秦国公 赵世恩					
	南康郡公 赵惟能	楚国公 赵从古						

二任帝太宗赵光义九子

第二代	第三代	第四代	第五代	第六代	第七代	第八代	
汉王· 齐王 楚王· 潞王 魏王 （恭宪） 赵元佐 （德宗）	平阳 懿恭王 赵允升	滕王 赵宗旦					
		郯王 赵宗惠					
	密国公 赵允言	祁国公 赵宗说	冯翊侯 赵仲旻				
	南康郡王 赵宗立	嗣王 赵仲来	汉王 赵不说	嗣王 赵彦清			
	郇国公 赵允成	赵宗颜					
陈王· 许王 昭成太子 赵元僖 （德明）		新平郡主 赵宗保·	赵仲鞠				·郇国公赵允成子
			嗣王 赵仲恕				
③真宗 赵恒	④仁宗 赵祯						
商王· 冀王 越王· 雍王 陈王· 润王 鲁王 （恭靖） 赵元份 （德严）	信安郡王 赵允宁	韩王 赵宗谓					
		北海郡王 赵宗肃	商国公 赵仲光				
	赵允怀						
	濮安懿王 赵允让	⑤英宗 赵宗实	⑥神宗 赵顼	⑦哲宗 赵煦			

		（曙）		⑧徽宗 赵佶	⑨钦宗 赵桓	皇太子 赵谌	
						赵训	
					⑩⑫高宗 赵构	⑪ 赵敷	
越王· 益王 吴王· 兖王 安王· 邢王 陈王 （文惠） 赵元杰 （德和）		高密郡公 赵宗望·	仪同三司 赵仲节				·密国公赵允言子
			东平侯 赵仲嘉				
			河内侯 赵仲炎				
镇王· 宁王 相王· 徐王 邓王· 密王 苏王· 韩王 （恭懿） 赵元渥	相王 赵允弼	南康郡王 赵宗绩	西川 节度使 赵仲礳				
		循王 赵宗景					
楚王· 曹王 华王· 蔡王 （恭惠） 赵元称	右千牛 卫大将军 赵允则	高密郡王 赵宗达·	东阳郡公 赵仲烈				·平阳懿恭王 赵允升子
			楚国公 赵仲约				
周王· 荣王 端王· 彭王 定王· 通王 泾王· 镇王 孟王· 荊王 燕王 （恭肃） 赵元俨	博平侯 赵允熙						
	定王 赵允良	安庸郡王 赵宗绛					
	东嘉郡王 赵允迪						
	博平郡王 赵允初						
崇王 赵元亿							

三任帝真宗赵恒六子

第三代	第四代							
温王 赵禔								
悼献太子 赵祐								
昌王 赵祇								
信王 赵祉								
钦王 赵祈								
④仁宗 赵祯	扬王 赵昉							
	雍王 赵昕							
	荊王 赵曦							

北宋中末叶诸王

其父	封爵及姓名							
濮安懿王 赵允让 第三代	舒王 赵宗懿	定王 赵宗朴	广陵郡王 赵宗谊	余杭郡王 赵宗球	温王 赵宗师	怀王 赵宗晖	楚王 赵宗辅	淄王 赵宗邈
二十八子 六子无传	昌王 赵宗晟	萧王 赵宗博	崇王 赵宗瑗	襄王 赵宗愈	⑤英宗 赵宗实	润王 赵宗隐	汉东郡王 赵宗沔	荣王 赵宗绰
	信王 赵宗治	建王 赵宗荦	资王 赵宗胜	惠王 赵宗楚	钦王 赵宗祐	景王 赵宗汉		
⑤英宗 赵曙 第四代	⑥神宗 赵顼	吴荣王 赵颢	润王 赵颜	益端献王 赵頵				
⑥神宗 赵顼	成王 赵佾	惠王 赵僅	唐王 赵俊	褒王 赵伸	冀王 赵僩	⑦哲宗 赵煦	豫王 赵价	徐王 赵倜
第五代	吴王 赵佖	仪王 赵伟	⑧徽宗 赵佶	燕王 赵俣	楚王 赵似	越王 赵偲		

⑧徽宗 赵佶	⑨钦宗 赵桓	兖王 赵柽	郓王 赵楷	荆王 赵楫	肃王 赵枢	景王 赵杞	济王 赵栩	益王 赵棫
第六代	⑨高宗 赵构	邵王 赵材	祁王 赵模	莘王 赵植	仪王 赵朴	徐王 赵棣	沂王 赵樗	郓王 赵栱
	和王 赵栻	信王 赵榛	汉王 赵椿	安康郡王 赵楃	广平郡王 赵楗	陈国公 赵机	相国公 赵梃	瀛国公 赵樾
	建安郡王 赵楧	嘉国公 赵椅	温国公 赵栋	英国公 赵橞	仪国公 赵桐	昌国公 赵柄	润国公 赵枞	

十三任帝孝宗赵伯琮四子

第九代	第十代	第十一代					
庄文太子 赵愭							
魏惠宪王 赵恺	沂王 赵柄	镇王·济王 赵竑·					·皇族赵希瞿子
⑭光宗 赵惇	保宁节度使 赵挺						
	⑮宁宗 赵扩	⑯理宗 赵贵诚·					
		兖王 赵埈					
		邠王 赵坦					
		郢王 赵增					
		华王 赵坰					
		顺王 赵圻					
		申王 赵墌					
		肃王 赵垍					
		邳王 赵坻					
邵王 赵恪							

金

开国皇族

献祖 完颜绥可	昭祖 完颜石鲁 （勇石鲁）	景祖 完颜 乌古乃	韩国公 完颜劾者	金源郡王 完颜撒改	秦王 完颜宗翰 （粘没喝） （宗维） （粘罕） （尼玛哈）		左丞相 完颜秉德
					右丞相 完颜宗宪 （阿懒）		
				金源郡王 完颜斡鲁	光禄大夫 完颜撒八	完颜赛里	
			世祖 完颜 劾里钵	康宗 完颜乌雅束	楚王 完颜宗雄 （谋良虎）	金源郡王 完颜 按答海	
				①太祖 完颜旻 （阿骨打）	丰王 完颜宗峻	③熙宗 完颜亶	⑦ 完颜永济·
				②太宗 完颜晟 （吴乞买）	宋国王 完颜宗磐 （蒲卢虎）		
			沂国公 完颜劾孙	豫国公 完颜昱 （蒲家奴）			完颜阿鲁
			代国公 完颜 劾真保				
			肃宗 完颜 颇刺淑	崇国公 完颜 蒲鲁虎			
				鲁王 完颜昌 （挞懒）			
			穆宗 完颜盈歌	金源郡王 完颜勖 （乌野）	刑部尚书 完颜宗秀 （廝里忽）		

			虞国公 完颜麻颇	光禄大夫 完颜谩都本			
			隋国公 完颜阿 离合懑	谋克 完颜赛也	代国公 完颜宗尹 (阿里罕)		
				左丞相 完颜宴 (斡论)	临洮知府 完颜宗道 (八十)		
			郑国公 完颜 谩都诃	工部尚书 完颜 谋里野			
		完颜 乌古出	金源郡王 完颜 习不失	真定留守 完颜 鹘沙虎	右宣徽使 完颜宗亨 (挞不也)		
					左丞相 完颜宗贤 (赛里)		
		完颜跋黑	完颜斜斡	都元帅 完颜昂 (奔睹)	右丞相 完颜宗浩		
完颜 谢库德		仪司三司 完颜拔达					
完颜 谢夷保	开府 完颜盆纳						
完颜 谢里忽							
	完颜胡率	特进 完颜劾者					
	完颜 真离海	金源郡王 完颜 神徒门 (石土门)	特进 完颜习室				
		金源郡王 完颜忠 (迪古乃)					

	完颜石鲁（贤石鲁）	完颜劾孙	代国公 完颜欢都	金鸿郡王 完颜希尹（谷神）		左丞相 完颜守道	
			金源郡王 完颜杲（撒里喝）	御史大夫 完颜宗安			

世祖完颜劾里钵十一子

第一代	第二代	第三代	第四代	第五代	第六代		
康宗 完颜 乌雅束	楚王 完颜宗雄（谋良虎）	猛安 完颜 蒲鲁虎	光禄大夫 完颜桓端	完颜袅频			
		金源郡王 完颜 按答海					
	宗国公 完颜限喝						
①太祖 完颜旻（阿骨打）	丰王 完颜宗峻（乌烈）	③熙宗 完颜亶	⑦ 完颜永济·	⑧宣宗 完颜珣·	⑨哀宗 完颜守绪		
魏王 完颜斡带		完颜 活里甲					
②太宗 完颜晟（吴乞买）	宋国王 完颜宗磐（蒲卢虎）						
辽王 完颜杲（斜也）	平章政事 完颜宗义（孛吉）						
卫王 完颜斡赛	工部尚书 完颜宗永（挑挞）						
鲁王 完颜斡者	谋克 完颜 神士懑	御史大夫 完颜璋（胡麻愈）					
汉王 完颜 乌故乃							

鲁王 完颜阇母	参知政事 完颜宗叙 (德寿)						
沂王 完颜查剌							
郓王 完颜昂 (吾都补)	益都尹 完颜郑家	右丞相 完颜承晖					
	群牧使 完颜鹤寿						

一任帝太祖完颜旻十六子

第二代	第三代	第四代	第五代				
辽王 完颜宗乾 (斡本)	代王 完颜充	归德节度使 完颜檀奴					
	④ 完颜亮 (迪古乃)	太子 完颜光英					
	太尉 完颜衮	定武节度使 完颜阿合					
	卫王 完颜襄	应国公 完颜乐善					
	西京留守 完颜衮 (蒲家)						
丰王 完颜宗峻 (绳果)	③熙宗 完颜亶	太子 完颜济安					
	胙王 完颜元 (常胜)						
宋王 完颜宗望 (斡里不)	镇国王 完颜齐 (受速)	猛安 完颜咬住					

	荊王 完颜文 （胡剌）						
	寿王 完颜京 （忽鲁）						
梁王 完颜宗弼 （兀术）	韩王 完颜亨 （孛迭）						
丰王 完颜乌烈							
赵王 完颜宗杰 （没里野）	邓王 完颜奭	完颜阿懒					
兖国王 完颜宗隽 （讹鲁观）							
沛王 完颜讹鲁							
许王 完颜宗尧 （讹里朵） （宗辅） （窝里温）	⑤世宗 完颜雍	皇太子 完颜允恭	⑥章宗 完颜璟				
豳王 完颜讹鲁朵							
卫王 完颜宗强 （阿鲁）	荣王 完颜爽						
	兵部尚书 完颜可喜						
	济南尹 完颜阿琐						
蜀王 完颜宗敏 （阿鲁补）	舒国公 完颜褒 （撒合辇）						

	密国公 完颜 阿里罕						
纪王 完颜 习泥烈							
息王 完颜宁吉							
莒王 完颜燕孙							
邺王 完颜斡忽							

二任帝太宗完颜晟十四子(第二代)

宋国王 完颜宗磐 (蒲鲁虎)	豳王 完颜宗固 (胡鲁)	代王 完颜宗雅	虞王 完颜 阿鲁补	滕王 完颜 斛沙虎	薛王 完颜宗懿	陈王 完颜宗本
翼王 完颜鹘懒	徐王 完颜宗顺	丰王 完颜宗美	郓王 完颜 神土门	霍王 完颜 斛孛束	蔡王 完颜斡烈	毕王 完颜宗哲

五任帝世宗完颜雍十子

第四代	第五代	第六代					
太子 完颜允恭	⑥章宗 完颜璟						
	⑥宣宗 完颜珣	⑨哀宗 完颜守绪					
镐王 完颜允中 (实鲁剌)	(爰王) 完颜瑜 (石古乃)						
赵王 完颜孰辇							

越王 完颜斜鲁								
越王 完颜允功 （宋葛）	密国公 完颜琦 （寿孙）	完颜 守禧						
⑦ 完颜永济	太子 完颜从恪							
潞王 完颜允德	完颜琰 （斡论）							
豫王 完颜允成 （鹤野）								
夔王 完颜允升 （斜不出）								
郑王 完颜允蹈								

中末叶诸王

其父	封爵及姓名							
太子 完颜允恭 第四代	⑥章宗 完颜璟	⑧宣宗 完颜珣	郓王 完颜琮 （承庆）	瀛王 完颜瓌 （桓笃）	霍王 完颜瓒 （阿怜）	瀛王 完颜琦 （吾里不）	温王 完颜玠 （谋良虎）
⑥章宗 完颜璟 第五代	绛王 完颜洪裕	荆王 完颜洪靖 （阿虎懒）	荣王 完颜洪熙 （阿曾不）	英王 完颜洪衍 （撒改）	寿王 完颜洪辉 （讹论）	葛王 完颜忒隣	
⑦ 完颜永济 第四代	太子 完颜从恪	蒋王 完颜琚 （猛安）	完颜瑄 （按出）	完颜瑞 （按辰）			

八任帝宣宗完颜珣四子

第六代	第七代							
庄献太子 完颜守忠	冲怀太孙 完颜铿							
荆王 完颜守纯 （盘都）	曹王 完颜讹可							
	巩王 完颜孛德							
⑨哀帝 完颜守绪								
完颜玄龄								

元（姓：奇渥温）

烈祖也速该六子

第一代	第二代	第三代	第四代	第五代	第六代	第七代	第八代
①太祖 铁木真	②太宗 窝阔台	⑦世祖 忽必烈·	明孝太子 真金	⑧成宗 铁木儿	⑨武宗 海山·	⑭文宗 图铁木儿	⑱惠宗 脱欢铁木儿·
哈撒尔	征东元帅 也古	火鲁 火孙					
	也生哥	爱每根	势都儿	齐王 八不沙			
				黄兀儿	齐王 月鲁 铁木儿	失烈门	
	元帅 巴忽 儿达儿	撒尔 吉歹					
	哈拉 儿珠						
哈准 （合赤温）	按只 吉带	察忽剌	忽剌忽儿	济南王 胜纳哈儿			
			也只里				
		秃鲁干 哈丹	老的				
铁木哥 斡赤斤	只不干	国王 塔察儿	何术鲁	乃颜			
			寿王 乃蛮台				
				辽王 脱脱			
别克铁儿							
别勒古台	罕秃忽	霍历	塔出				
	也速 不花	广宁王 瓜都					

	口温不花	甕古剌台	广宁王 撒里 铁木儿	嗣王 按浑察			
			按恢				

一任帝太祖成吉思汗铁木真八子

第二代	第三代	第四代	第五代	第六代	第七代	第八代	第九代
术赤	斡鲁朵	宽彻	卜燕	薛彻别乞	额别散	札木台	兀鲁思
	拔都	脱欢	忙哥 铁木儿	脱古别儿	月思别乞	札尼别乞	可罗纳
	伯勒克						
	脱哈 铁木儿						
	昔班						
	唐古特						
	土斡耳						
察合台汗 国一任汗 察合台	莫图根	不里	肃远王 铁木 儿不花	南答失里			
			威远王 阿只吉	越王 秃剌	西安王 阿剌忒 纳失里		
		二任汗 合剌 兀烈兀	六任汗 莫八 里克沙				
		帖散笃哇	七任汗 八剌合	十任汗 笃哇	十三任汗 怯伯	十五任汗 燕只吉台	二十二任汗 谟罕 默德·
			亦速儿				
					月思伯克 铁木儿		

		不只	喀打密	九任汗 秃里铁木儿	斡勒可铁木儿	也先铁木儿	二十三任汗 合占
	三任汗 也速蒙哥						
	拜答儿	五任汗 阿鲁忽	出班				
	撒巴	八任汗 聂古伯					
②太宗 窝阔台	④定宗 贵由						
	合失	窝阔台汗国一任汗 海都	二任汗 察八儿	汝宁王 完者铁木儿	嗣王 忽剌台		
太子 拖雷	⑥宪宗 蒙哥	河平王 昔里吉	并王 晃火铁木儿	抚宁王 彻里铁木儿			
	⑦世祖 忽必烈	明孝太子 真金	⑧成宗 铁木儿	⑨武宗 海山·	⑭文宗 图铁木儿	⑱惠宗 脱欢铁木儿·	⑲昭宗 爱猷识理达腊
	伊尔汗国一任汗 旭烈兀	二任汗 阿八哈	四任汗 阿鲁浑	七任汗 合赞	九任汗 不赛因·	十二任汗·穆罕默德	
	阿里不哥	明理铁木儿	申罕	嗦喜	十任汗 阿儿帖		
阔列坚	忽察	河间王 忽鲁歹	嗣王 也不干				
			八巴	秃兀思帖儿			
			也灭干	八八剌	安定王 脱欢	嗣王 朵儿只班	
			伯答罕				
察兀儿							
木儿彻							
兀鲁察							

二任帝太宗窝阔台七子

第三代	第四代	第五代	第六代	第七代	第八代	第九代	
合失	窝阔台汗国一任汗海都	二任汗察八儿	汝宁王完者铁木儿	嗣王忽剌台			
		斡鲁温孙					
		塔合察儿					
		秃曲灭					
		萨儿班					
		阿巴干					
④定宗贵由	忽察	完者也不干					
	脑忽						
	大名王禾忽	南平王秃鲁					
太子阔端	灭里吉歹	也速不花					
	蒙哥都	亦怜真					
	永昌王只必铁木儿						
	帖必烈						
	曲烈鲁	汾阳王别铁木儿	荊王也速不也干	嗣王脱火赤			
				嗣王脱脱木儿			
太子阔出	太子失烈门	孛罗赤	靖远王合带	襄宁王也速不干			
			襄宁王阿鲁辉				

哈剌察儿	脱脱	月别吉					
		沙蓝 朵儿只					
合丹	靓儿赤	小薛	星吉班				
	也不干	陇王 火郎撒	嗣王 忽鲁歹	嗣王 忻都察			
	也迭儿						
	也孙脱						
	火你	咬住					
灭里	脱忽	俺都剌	爱牙赤	阳翟王 太平			
			阳翟王 秃满	嗣王 曲春	嗣王 铁木儿赤	嗣王 阿鲁辉 铁木儿	
						嗣王 忽都 铁木儿	

太子拖雷十一子(二子无传)

第三代	第四代	第五代	第六代	第七代	第八代	第九代	第十代
⑥宪宗 蒙哥	卫王 玉龙答失	撒里蛮					
		嗣王 完泽	郯王 彻彻秃				
			卫王 宽彻哥				
	河平王 昔里吉	兀鲁 思不花					
		并王 晃火 铁木儿	抚宁王 彻里 铁木儿				
		嘉王 火儿忽					
忽都虎							

⑦世祖 忽必烈	明孝太子 真金	⑧成宗 铁木儿	⑨武宗 海山	⑭文宗 图铁木儿	⑱惠宗 脱欢铁木儿·	⑲昭宗 爱猷识理达腊	
伊尔汗国 一任汗 旭烈兀	二任汗 阿八哈	四任汗 阿鲁浑	七任汗 合赞	九任汗 不赛因·	十二任汗 穆罕默德·		
阿里不哥	明里铁木儿	申罕	嗉喜	阿儿帖			
	定王 药木忽儿	嗣王 薛彻干	嗣王 察里台				
	乃剌忽不花	冀王 孛罗	铁木儿脱				
	剌甘失甘	镇宁王 那海					
拨绰 （不者克）	薛必烈杰儿	楚王 牙忽都	嗣王 脱列铁木儿	嗣王 八都儿	嗣王 燕铁木儿		
			镇远王 不也干				
末哥	永宁王 昌童	嗣王 伯铁木儿	嗣王 伯颜铁木儿				
岁哥都	速不歹	脱脱木儿	也速不坚				
雪别台		丹鲁铁木儿					

七任帝世祖忽必烈十一子

第四代	第五代	第六代	第七代	第八代	第九代	
朵儿只						
明孝太子 真金	⑧成宗 铁木儿	⑨武宗 海山·	⑮明宗 和世㻋	⑱惠宗 脱欢铁木儿	⑲昭宗 爱猷识理达腊㻋	
秦王 忙哥剌	安西王 阿答难	嗣王 月鲁铁木儿				

北平王 那木罕						
云南王 忽哥赤	营王 也先铁木儿	云南王 阿鲁	嗣王 孛罗	嗣王 把匝剌瓦儿密		
爱牙赤	阿木干	也的古不花				
西平王 奥鲁赤	镇西武宁王 铁木儿不花	云南王 老的	豫王 阿忒里纳失里			
			安王西答儿麻			
		镇西武宁王 搠思班	凉王 党兀班			
	西平王 八的麻的加	嗣王 贡哥班				
宁王 阔阔出	嗣王 薛彻秃					
	嗣王 阿都赤	嗣王 旭灭该				
镇南王 脱欢	嗣王 脱不花	嗣王 孛罗不花	嗣王 大圣奴			
	威顺王 宽彻不花	义王 和尚				
	淮王 铁木儿不花					
	文济王 蛮子	嗣王 不花铁木儿				
	宣德王 不答失里					
忽都鲁铁木儿	阿八也不干	八鲁朵儿只				
铁蔑赤						

明孝太子真金三子

第五代	第六代	第七代	第八代	第九代	
晋献武王 甘麻剌	梁王 松山	嗣王 王禅	云南王 铁木儿不花		
	⑫ 也孙铁木儿	⑬ 阿速吉八			
		晋王 八的麻 亦儿间卜			
		小薛			
		允丹卜藏			
	湘宁王 迭里哥 儿不花	嗣王 八剌失里			
顺宗 答拉麻八拉	⑨武宗 海山	⑮明宗 和世㻋	⑱惠宗 脱欢 铁木儿	⑲昭宗 爱猷识理 达腊	
			⑰宁宗 懿璘质班		
		⑭⑯文宗 图铁木儿	阿剌忒 纳答剌		
			燕帖吉思		
			太平纳		
	⑩仁宗 爱育黎 拔力八达	⑪英宗 硕达八剌			
		安王 兀都思不花			
	魏王 阿木哥	西靖王 阿鲁			
		嗣王 孛罗铁木儿			
⑧成宗 铁木儿	太子 德寿				

附：四大汗国可汗世系

钦察汗国（位东欧及今俄国）（1242—1480　立国 239 年）

第二代	第三代	第四代	第五代	第六代	第七代	第八代	第九代	第十代
术赤（铁木真长子）	一任汗 拔都	二任汗 撒里答						
		托托罕	四任汗 忙哥铁木儿	六任汗 脱脱				
				土古儿	七任汗 月思别	八任汗 帖尼别乞		
						九任汗 札尼别乞	十任汗 孛儿帖别乞	
							十一任汗 可罗纳	
							十二任汗 涅鲁思	
			五任汗 脱脱蒙哥					
	三任汗 伯勒克							

附：东钦察汗国

术赤	一任汗 斡鲁朵	二任汗 宽彻	三任汗 卜燕	四任汗 薛彻别乞	五任汗 额别散	七任汗 札木台	八任汗 兀鲁思	九任汗 脱里脱吉
								十二任汗 贵力察克
								十任汗 蒇力克
							秃里合勒札	十一任汗 托克培米失
					六任汗 克合勒札			

察合台汗国（位中亚细亚）（1224—1369　立国146年）

一任汗 察合台（铁木真次子）	莫图根（木阿图干）	二任汗 合剌旭烈兀 四任汗 窝尔札那皇后	六任汗 莫八里克沙					
		帖散笃哇	七任汗 八剌合	十任汗 笃哇	十一任汗 宽阇		弗勒迭	二十二任汗 谟罕默德
					十四任汗 也先不花			
					十三任汗 怯伯	十五任汗 燕只吉台		
					十六任汗 笃来铁木儿			
					十七任汗 答儿麻失里			
					宰翰默	十八任汗 真吉赛		
						十九任汗 不站		
					额不坚	二十任汗 也速铁木儿		
		不只	喀打密	九任汗 秃里铁木儿	斡勒可铁木儿	也先铁木儿	二十三任汗 合占	
				十二任汗 达里忽				
	拜答儿	五任汗 阿鲁忽						
	三任汗 也速蒙哥							

	撒巴	八任汗 聂古伯						
②太宗 窝阔台						二十一 任汗		

窝阔台汗国(位天山南北,今新疆)(1252—1308　立国57年)

②太宗 窝阔台 (铁木真 三子)	合失	一任汗 海都	二任汗 察八儿					
			斡罗斯					

伊尔汗国(位今伊朗、伊拉克)(1258—1386　立国129年)

太子 拖雷 (铁木真 四子)	一任汗 旭烈兀	二任汗 阿八哈	四任汗 阿鲁浑	七任汗 合赞				
				八任汗 合儿班答	九任汗 不赛因			
			五任汗 盖喀图					
		塔剌海	六任汗 贝杜	阿里	十一任汗 木撒			
		三任汗 台古塔儿						
		蒙哥 铁木儿	阿浑 别克	宽辙辙	帖列格 秃蒙格	十二任汗 穆罕默德		
	阿里不哥	明理铁 木儿哥	申罕哥	嗦喜	十任汗 阿儿帖			
							十三任汗 吐哥 铁木儿	

注一:四大汗国可汗世系,自列表末任可汗之后,汗系或不明、或篡杀益乱,故略。

注二:伊尔汗国十三任汗吐哥铁木儿,为一任帝铁木真弟哈撒儿后裔。

明

仁祖朱世珍四子

第一代	第二代	第三代	第四代	第五代	第六代	第七代	第八代	第九代	第十代	第十一代	第十二代	第十三代
南昌王 朱兴隆	朱文正	靖江王 朱守谦	(悼僖)朱赞仪	(庄简)朱佐敬	(怀)朱相丞	(昭和)朱规裕	(端懿)朱约麒	(安肃)朱经扶	(恭惠)朱邦苧	(宪定)朱任晟	(荣穆)朱履祐	监国 朱亨嘉
盱眙王 朱												
临淮王 朱												
①太祖 朱元璋												

一任帝太祖朱元璋二十六子

第二代	第三代	第四代	第五代	第六代	第七代	第八代	第九代	第十代	第十一代	第十二代	第十三代	封地
懿文太子 朱标	②惠 朱允炆											

秦愍王 朱樉	（隐）朱尚炳	（僖）朱志垍							（敬）朱谊湢			西安
		（康）朱志𡐤	（惠）朱公锡	（简）朱诚泳	（昭）·朱秉欆	（定）朱惟焯	（宣）·朱怀埢	（靖）朱敬镕	嗣王·朱谊漶	嗣王·朱存枢		
晋恭王 朱棡	（定）朱济熺	（宪）朱美圭	（庄）朱钟铉	（靖）朱奇源	（怀）朱表荣	（端）朱知祥	（简）·朱新㙉	（惠）·朱慎锇	（穆）朱敏淳	嗣王 朱求桂		太原
③成祖 朱棣	④仁宗 朱高炽	⑤宣宗 朱瞻基	⑥英宗 朱祁镇	⑨宣宗 朱见深	⑩孝宗 朱祐樘	⑫世宗·朱厚熜	⑬穆宗 朱载垕	⑭神宗 朱翊钧	⑮光宗 朱常洛	⑯熹宗 朱由校		
周定王 朱橚	（简）朱有燉	（懿）朱子埅	（惠）朱同镳	（悼）朱安𣽤	（恭）朱睦楎	（康）朱勤熄	（庄）朱朝堈	（敬）朱在铤	（端）朱肃溱	嗣王 朱恭枵		开封
楚昭王 朱桢	（庄）朱孟烷	（宪）朱季埦	（靖）·朱均鈋	（端）朱荣減	（愍）朱显榕	（恭）朱英𤇰	嗣王 朱华奎				·宪王朱季埦从侄	武昌
齐王 朱榑												青州
潭王 朱梓												长沙

赵王 朱杞										·朱秉树、朱怀埢、朱谊漶、朱新锳、朱慎铷，均以侄入嗣。		
鲁荒王 朱檀	(靖) 朱肇辉	(惠) 朱泰堪	(庄) 朱阳铸	(怀) 朱当洌	(悼) 朱健杙	(端) 朱观烶	(恭) 朱颐坦	(肃) 朱寿镛	监国 朱以海	世子 朱弘栴		兖州
蜀献王 朱椿	(和) 朱悦燇	(定) 朱友垓	(惠) 朱申鉴	(昭) 朱宾瀚	(成) 朱让栩	(康) 朱承爚	(端) 朱宣圻	(恭) 朱奉铨	嗣王 朱至澍			成都
湘献王 朱柏												江陵
代简王 朱桂	(戾) 朱逊煓	(隐) 朱仕壥	(惠) 朱成铼	(思) 朱聪沫	(懿) 朱俊杖	(昭) 朱充燿	(恭) 朱廷埼	嗣王 朱鼐钧	(康) 朱鼎渭	朱	嗣王 朱传㸅	大同
肃庄王 朱楧	(康) 朱瞻焰	(简) 朱禄埤	(恭) 朱贡锭	(靖) 朱真淤	(定) 朱弼桄	(懿)·朱缙熿	(宪) 朱绅尧	嗣王 朱识鋐		·定王朱弼桄弟子		兰州
辽简王 朱植	嗣王 朱贵焓	(靖)·朱豪墭	(惠) 朱思鑙	(恭) 朱宠涭	(庄) 朱致格	嗣王 朱宪㸅				宁靖王 朱术桂	·辽王朱贵焓弟子	江陵
庆靖王 朱㮵	(康) 朱秩煃	(庄) 朱邃塀	(恭) 朱寘鐇	(定) 朱台浤	(惠) 朱鼒枋	(端) 朱倪熿	(宪) 朱伸域	嗣王 朱帅锌	嗣王 朱倬漼			宁夏

	安化王 朱秩炵	嗣王 朱邃墁	嗣王 朱寘鐇									
宁献王 朱权	（惠）朱盘烒	（靖）朱奠培	（康）朱觐钧	嗣王 朱宸濠								南昌
岷庄王 朱楩	（恭）朱徽煣	（顺）朱音埑	（简）朱膺鉟	（靖）朱彦汰	（康）朱誉荣	（宪）朱定燿	（僖靖）朱干垰	嗣王 朱企锴				武冈
谷王 朱橞												宣府
韩宪王 朱松	（恭）朱冲[illegible]	（靖）朱范圳	（惠）朱征钋	（康）朱偕灊	（昭）朱旭櫏	（定）朱融燧	（安）朱谟[illegible]	（端）朱朗锜	朱璟浤	朱逵杞	嗣王 朱亶塉	平凉
渖简王 朱模	（康）朱佶焞	（庄）朱幼[illegible]	（恭）朱诠证	（靖）朱勋沚	（宪）·朱允栘	（宣）朱恬焰	（定）朱理尧	嗣王 朱效镛			·靖王朱勋沚弟子	潞州
安惠王 朱楹												平凉
唐定王 朱桱	（宪）朱琼炟	（庄）朱芝址	（成）朱弥锑	（敬）朱宇温	（顺）朱宙栐	（端）朱硕熿	（裕）朱器墭	⑲朱聿键	皇子 朱琳原			南阳

郢靖王 朱栋												安陆
伊厉王 朱㰘	(简)朱颙炔	(安)朱地堡	(定)朱諟锊	(敬)朱訏淳	嗣王 朱典楧							洛阳
皇子 朱楠												

·朱秉树、朱怀埢、朱谊滤、朱新锳、朱慎镦,均以侄人嗣。

懿文太子朱标五子

第三代	第四代											
虞王 朱雄英												
②惠 朱允炆	太子 朱文奎											
	建庶人 朱文圭											
吴王 朱允熥												

衡王 朱允熞												
徐王 朱允熈												

三任帝成祖朱棣四子

第三代	第四代	第五代	第六代	第七代	第八代	第九代	第十代	第十一代	第十二代	第十三代		
④仁宗 朱高炽	⑤宣宗 朱瞻基	⑥英宗 朱祁镇	⑨宪宗 朱见深	⑩孝宗 朱祐樘	⑫世宗· 朱厚熜	⑬穆宗 朱载垕	⑭神宗 朱翊钧	⑮光宗 朱常洛	⑯熹宗 朱由校			
汉王 朱高煦												乐安
赵简王 朱高燧	朱瞻塙	（悼）朱祁镃	（靖）朱见爵	（庄）朱祐棌	（康）朱厚煜	（恭）朱载培	（安）朱翊镏	（穆）朱常清	寿光王 朱由桂	赵王 朱慈㦉		彰德
		平乡王 朱祁锶	昆阳王 朱见沿	广安王 朱祐枳	秀水王 朱厚炯	成皋王 朱载烷	成皋王 朱翊琮	赵王 朱常澳				

皇子 朱高爔												

四任帝仁宗朱高炽十子

第四代	第五代	第六代	第七代	第八代	第九代	第十代	第十一代	第十二代	第十三代			
⑤宣宗 朱瞻基	⑥英宗 朱祁镇	⑨宪宗 朱见深	⑩孝宗 朱祐樘	⑫世宗 朱厚熜	⑬穆宗 朱载垕	⑭神宗 朱翊钧	⑮光宗 朱常洛	⑯熹宗 朱由校				
郑靖王 朱瞻俊	(简)朱祁锳	(僖)朱见滋	(懿)朱祐檡	(恭)朱厚烷	世子 朱载堉	世孙 朱翊锡						怀庆
		孟津王 朱见濍	朱祐橏	朱厚炜	郑王 朱载玺	嗣王 朱翊钟						
越靖王 朱瞻墉												
蕲献王 朱瞻垠												

襄阳	·怀王朱祐材弟子			嗣王 朱常澄	（忠） 朱翊铭	（靖） 朱载尧	（庄）· 朱厚颎	（怀） 朱祐材	（简） 朱见淑	（定） 朱祁镛	襄献王 朱瞻墡
蕲州	·荆王朱见潚弟子	嗣王 朱慈烟	（定） 朱由樊	（康） 朱常盎	（恭） 朱翊钜	朱载墭	（端） 朱厚烇	（和）· 朱祐椆	嗣王 朱见潚	（靖） 朱祁银	荆宪王 朱瞻堈
饶州	·朱见濂弟子							（定）· 朱祐棨	朱见濂	（康） 朱祁铨	淮靖王 朱瞻墺
					嗣王 朱常清	嗣王 朱翊钜	（顺） 朱载坚	（宪） 朱厚焘	（庄） 朱祐樑		
											胜怀王 朱瞻垲
											梁庄王 朱瞻垍
											卫恭王 朱瞻埏

五任帝宣宗朱瞻基二子

第五代	第六代	第七代										
⑥⑧英宗 朱祁镇	⑨宪宗 朱见深	⑩孝宗 朱祐樘										
⑦景 朱祁钰	怀献太子 朱见济											

六任帝英宗朱祁镇九子

第六代	第七代	第八代	第九代	第十代	第十一代	第十二代	第十三代					
⑨宪宗 朱见深	⑩孝宗 朱祐樘	⑪武宗 朱厚照										
	兴献王 朱祐杬	⑫世宗 朱厚熜	⑬穆宗 朱载垕	⑭神宗 朱翊钧	⑮光宗 朱常洛	⑯熹宗 朱由校						

德庄王 朱见潾	（懿）朱祐榕	（怀）朱厚燉	（恭）朱载墱	（定）朱翊馆	嗣王 朱常洁	嗣王 朱由枢						济南
皇子 朱见湜												
许悼王 朱见淳												
秀怀王 朱见澍												汝宁
崇简王 朱见泽	（靖）朱祐樒	（恭）朱厚燿	（庄）朱载境	（端）朱翊锵	世子	嗣王 朱由樻						汝宁
吉简王 朱见浚	（悼）朱祐枤	（定）朱厚煝	（端）朱载均	（宣）朱翊銮	世子 朱常淳	嗣王 朱由栋	嗣王 朱慈煃					长沙
忻穆王 朱见治												

徽庄王 朱见沛	(简) 朱祐枱	(恭) 朱厚燗	嗣王 朱载伦									钧州

九任帝宪宗朱见深十四子(二子无传)

第七代	第八代	第九代	第十代	第十一代	第十二代	第十三代						
悼恭太子 朱祐极												
⑩孝宗 朱祐樘	⑪武宗 朱厚照											
	蔚悼王 朱厚炜											
兴献王 朱祐杬	⑫世宗 朱厚熜	⑬穆宗 朱载垕	⑭神宗 朱翊钧	⑮光宗 朱常洛	⑯熹宗 朱由校							
岐惠王 朱祐枨												

封地												
建昌	益端王 朱祐槟	（恭）朱厚炫	（昭）朱载增	（宣）朱翊鈏	（敬）朱常涏	嗣王 朱由本						
青州	衡恭王 朱祐楎	（庄）朱厚燆	（安）朱载封	（定）朱翊镬	嗣王 朱常㴐							
衡州	雍靖王 朱祐枟											
德安	寿定王 朱祐榰											
沂州	泾简王 朱祐橓	朱厚烇										
常德	荣庄王 朱祐枢	（怀）	（恭）朱载墐	嗣王 朱翊鈔	嗣王 朱常溒	（宪）朱由枵	嗣王 朱慈炤					
卫辉	汝安王 朱祐梈											

申懿王 朱祐楷												叙州

十二任帝世宗朱厚熜八子

第九代	第十代	第十一代	第十二代									
哀冲太子 朱载基												
庄敬太子 朱载壡												
⑬穆宗 朱载垕	⑭神宗 朱翊钧	⑮光宗 朱常洛	⑯熹宗 朱由校									
景恭王 朱载圳												德安
颖殇王 朱载𡋾												

戚怀王 朱载墍												
蓟哀王 朱载堰												
均思王 朱载𪣻												

十三任帝穆宗朱载垕四子

第十代	第十一代	第十二代										
怀宪太子 朱翊釴												
靖悼王 朱翊铃												
⑭神宗 朱翊钧	⑮光宗 朱常洛	⑰思宗 朱由检										

潞简王 朱翊镠	嗣王 朱常淓											卫辉

十四任帝神宗朱翊钧八子

第十一代	第十二代	第十三代										
⑮光宗 朱常洛	⑯熹宗 朱由校											
	⑰思宗 朱由检											
邠哀王 朱常溆												
福恭王 朱常洵	⑱安宗 朱由崧											洛阳
沅怀王 朱常治												
瑞王 朱常浩												

惠王 朱常润												
桂端王 朱常瀛	⑳朱由榔	太子 朱慈煊										衡州
永思王 朱常溥												

十五任帝光宗朱常洛七子

第十二代	第十三代											
⑯熹宗 朱由校	怀冲太子 朱慈然											
	悼怀太子 朱慈焴											
	献怀太子 朱慈炅											

简怀王 朱由榉												
⑰思宗 朱由检	太子 朱慈烺											
	怀隐王 朱慈烜											
	定王 朱慈炯											
	永王 朱慈炤											
	悼灵王 朱慈焕											
齐思王 朱由楫												

怀惠王 朱由模												
湘怀王 朱由栩												
惠昭王 朱由橏												

清 (姓:爱新觉罗)

兴祖福满六子

		第一代	第二代	第三代	第四代	第五代	第六代		
德世库	尼扬古	库尔喀	布三	三等男 布祜	三等男 额讷布				
刘阐									
索长阿	务泰	僧额	翁阿岱	阿克善	三等男 塞克森	二等男 巴彦德			
景祖 觉昌安	显祖 塔克世	①太祖 努尔哈赤	②太宗 皇太极	③世祖 福临	④圣祖 玄烨	⑤世宗 胤禛	⑥高宗 弘历		
包朗阿	郎腾	伯林	三等男 拜三						
宝实									

景祖觉昌安五子

	第一代	第二代	第三代	第四代	第五代	第六代	第七代	
武功郡王 礼敦	博伊和齐	内大臣 色勒	二等子 额尔德	二等子 喇祜塔				
		阿赛	三等男 萨赛					
		阿赉	吉哈礼					
慧哲郡王 额尔衮								
宣献郡王 斋堪								
显祖 塔克世	①太祖 努尔哈赤	②太宗 皇太极	③世祖 福临	④圣祖 玄烨	⑤世宗 胤禛	⑥高宗 弘历	⑦仁宗 颙琰	

恪恭贝勒 塔察篇古	祜尔哈齐	阿世布	叶穆济	一等男 瓦尔玛	一等男 苏尔玛	一等男 朗唐		
		莽嘉	萨克图	二等男 舒淑·				·萨克图弟朗图子

显祖塔克世五子

第一代	第二代	第三代	第四代	第五代	第六代	第七代	第八代	第九代	第十代	第十一代		
①太祖 努尔哈赤	③太宗 皇太极	③世祖 福临	④圣祖 玄烨	⑤世宗 胤禛	⑥高宗 弘历	⑦仁宗 颙琰	⑧宣宗 绵宁	⑨文宗 奕詝	⑩穆宗 载淳	⑫ 溥仪·		
诚毅勇壮贝勒 穆尔哈齐	辅国刚毅公 达尔察	辅国悫厚公 穆青	二等奉国将军 勒色礼	奉恩将军 达里祜	奉恩将军 巴延布	奉恩将军 海存	奉恩将军 永登额	奉恩将军 国祥				
	襄敏贝子 务达海	镇国公 托克托慧	不入八分 镇国公 扬福	黑龙江将军 三官保								

	镇国公　汉岱	辅国悫厚公　海兰	奉国将军　哈尔萨	奉恩将军　占泰	奉恩将军　德克精额	栋科诺	奉恩将军　明俊	奉恩将军　端明				
	辅国公　塔海	三等辅国将军　台穆布禄	三等奉国将军　满珠锡礼	奉恩将军　善海	奉恩将军　素松额	谟尔耕额	奉恩将军　崇礼					
	辅国公　祜世塔	三等辅国将军　伊尚阿	三等奉国将军　锡布	奉恩将军　康泰阿	奉恩将军　定禄	奉恩将军　扬庆	奉恩将军　续文	奉恩将军　诚敬	煜勋	奉恩将军　恩铭		
	辅国公　喇世塔	三等辅国将军　喇克达	三等奉恩将军　敬德	奉恩将军　班进泰	奉恩将军　增诚	奉恩将军　德良阿	奉恩将军　连禄	奉恩将军　色和洪额	奉恩将军　英山	奉恩将军　桂芳		
庄亲王　舒尔哈齐	和硕贝勒　阿敏	镇国端纯公　果盖	三等辅国将军　塞祜德	奉国将军　塞赫礼	奉恩将军　熙成	奉恩将军　成翰	奉恩将军　明凯					

	镇国温简公 固尔玛珲	辅国襄敏公 瓦三	辅国公 齐克塔哈						
	镇国公 恭阿	辅国公 法塞	奉国将军 鄂岳	奉恩将军 多福					
郑献亲王 齐尔哈朗	简纯亲王 济度	嗣王 喇布							
		(修) 雅布	嗣王 神保住						
			(仪) 德沛·						·靖定贝勒费扬武曾孙·
			(襄敏)·奇通阿	(恪) 丰纳亨	郑恭亲王 积哈纳	(慎) 乌尔恭阿	嗣王 端华		·辅国襄敏公巴赛子

								三等辅国将军 肃顺				
		辅国武襄公 巴尔堪	（襄敏） 巴赛	奇通阿	郑亲王 经拉亨	嗣王 伊丰额	嗣王 西朗阿	嗣王 承志				
	靖定贝勒 费扬武	贝勒 尚善	辅国公 门度	三等镇国将军 准度	三等辅国将军 都祥	向顺	奉恩将军 德海					
		惠献贝子 傅喇塔	贝子 福存	镇国公 德普	辅国恭恪公 恒鲁	辅国公 兴兆	辅国公 成宽					
	辅国公 扎萨克图	贝子 札克纳	三等镇国将军 玛喀纳	玛稷	奉国将军 玛尚阿	奉恩将军 英禄						
	恪僖贝勒 图伦	贝勒 屯齐	贝子 温齐	镇国公 额尔图	辅国敦勤公 爱音图	（勤僖） 吉存	奉国将军 达明阿	奉恩将军 英隆				

	和惠贝勒 塞桑武	贝子 洛托	辅国将军 富达礼									
通达郡王 雅尔哈齐												
笃义刚果贝勒 巴雅喇	贝勒 拜音图											
	巩阿岱		伊里布									

一任帝太祖努尔哈赤十六子

第二代	第三代	第四代	第五代	第六代	第七代	第八代	第九代	第十代	第十一代	第十二代	第十三代	第十四代
广略贝勒 褚英	安平贝勒 杜度	悫厚贝勒 杜尔祜	恪恭贝勒 敦达	镇国公 普贵	辅国温僖公 诚保	辅国公 庆春	辅国公 恒颖	奉国将军 纯惠	奉恩将军 崇善			

		贝子 穆尔祜	镇国将军 长源	辅国将军 察尔岱	奉国将军 讷尔博	奉恩将军 凤文						
		恪僖贝子 特尔祜	镇国恪恭公 登塞	辅国温僖公 瑟尔臣	辅国公 德朗阿	三等镇国将军 德尊	辅国将军 秀福	奉国将军 瑞华				
		怀愍贝子 萨弼	镇国悼愍公 固鼐									
		辅国公 杜努文	贝勒 苏努									
	敬谨庄亲王 尼堪	嗣王 兰布	镇国公 赖士	辅国公 伊尔敦	辅国公 富春	镇国公 斌英	镇国公 果尔丰阿					
礼烈亲王 代善（大王）	克勤郡王 岳托（要退）	衍僖介郡王 罗洛浑	平比郡王 罗科铎	（悼）纳尔福	平郡王 讷尔苏	（敏）福彭	（僖）庆明					

						福秀	克勤良郡王 庆恒					
			平郡王 讷而图	讷清额	克勤庄郡王 雅朗阿	恒元	（简）尚格	（恪）承硕	（敬）庆惠	诚亲王 晋祺	克勤顺郡王 崧杰	嗣王 晏森
	显荣贝勒 喀尔楚浑	贝勒 克齐	辅国公 鲁宾									
	贝勒 巴思哈											
贝勒 硕托（小退）												
颖毅亲王 萨哈璘	颖郡王 阿达礼											

	顺承恭惠郡王 勒克德浑	嗣王 勒尔锦										
		(忠)诺罗布	顺承亲王 锡保	顺承恪郡王 熙良	(恭)泰斐英阿	(慎)恒昌	(简)伦柱	(勤)春山	(敏)庆恩	嗣王 讷勒赫		
谦襄郡王 瓦克达	镇国公 留雍	三等辅国将军 台浑	忠端	一等镇国将军 洞福	镇国将军 德文	一等镇国将军 苏藩						
	镇国公 哈尔萨	辅国公 海青										
	巽简亲王 满达海	怀敏贝勒 常阿岱	辅国公 星尼	镇国公 星海	常平	辅国将军 福色铿额						
	惠顺亲王 祜塞	康良亲王 杰书	(悼)椿泰	(修)崇安	礼恭亲王 永思	嗣王 昭链						

					二等镇国将军 永耄	礼安亲王 麟趾	奉恩将军 锡春	礼和亲王 全龄	嗣王 世铎			
镇国勤敏公 阿拜	辅国公 鞏安	辅国将军 图萨	三等奉国将军 赛尔都	奉恩将军 格尔宾								
镇国克洁将军 汤古代	三等镇国将军 穆尔察											
和硕贝勒 莽古尔泰	额必伦											
辅国懿厚将军 塔拜	贝子 额克亲	三等辅国将军 额奇										
	辅国公 班布尔善	三等辅国将军 巴尔岱										

饶余敏郡王 阿巴泰	端重定亲王 博洛	怀思贝勒 齐克新										
	贤悫贝子 尚建	悼愍贝子 苏布图	镇国公 颜龄									
	安和亲王 岳乐	安懿郡王 玛尔珲	（节） 华玘	锡贵·	辅国公 奇昆	辅国公 崇积					·华玘弟奉恩将军华斌子	
	温良贝子 博和托	贝子 彰泰	恪敏贝子 屯珠	安詹	辅国公 逢信	辅国公 盛昌						
②太宗 皇太极	③世祖 福临	④圣祖 玄烨	⑤世宗 胤禛	⑥高宗 弘历	⑦仁宗 颙琰	⑧宣宗 绵宁	⑨文宗 奕詝	⑩穆宗 载淳				
							醇贤亲王 奕譞	⑪德宗 载湉				

								醇亲王 载沣	⑫溥仪			
镇国恪僖公 巴布泰	辅国公 噶布喇	三等镇国将军 辉塞	奉国将军 握内	奉恩将军 杜穆德	奉恩将军 松年							
和硕贝勒 德格类	邓什库											
镇国将军 巴布海	阿喀喇											
英亲王 阿济格（八王）	镇国公 傅勒赫	辅国公 绰克都	辅国公 普照	辅国公 亨新								
			辅国公 经照	辅国公 璐达	辅国公 麟魁							

辅国介直公　赖慕布	懋德修道广业定功安民立政诚敬义皇帝·成宗·睿忠亲王　多尔衮　（九王）	豫通亲王　多铎　（十王）
辅国公　来祜	多尔博·	信宣和亲王　多尼
三等奉国将军　来度	贝子　苏尔发	信郡王　鄂札
奉恩将军　札昆泰	辅国公　塞勤	（恪）德昭
奉恩将军　永武	辅国恪勤公　功宜布	豫良亲王　修龄
	信恪郡王　如松	嗣王　裕丰
	睿恭亲王　凉颖	
	（勤）端恩	
	仁寿	
	·豫通亲王多铎子	

					嗣王 裕兴							
					（厚）裕全	（慎）义道	（诚）本格	嗣王 楙林				
	辅国恪僖公 察尼	奉恩将军 查达										
费扬果			雅尼罕									

二任帝太宗皇太极十一子（三子无传）

第三代	第四代	第五代	第六代	第七代	第八代	第九代	第十代	第十一代				
肃武亲王 豪格（虎口）	显懿亲王 富授	（密）丹臻	（谨）衍潢	肃恭亲王 永锡·	（慎）敬敏	（恪）华丰	（良）隆懃	嗣王 善耆			·显谨亲王衍潢兄丹臻子	
		三等辅国将军 拜察礼	肃勤亲王 蕴著									

	辅国公 叶布舒	承泽裕亲王 硕塞
温良郡王 猛峨	镇国将军 苏尔登	庄靖亲王 博果铎
嗣王 佛永惠 贝勒 延信		（恪）胤禄·
辅国公 揆惠·		辅国公 引普 辅国公 弘融
		庄慎亲王 永瑺 辅国将军 永蕃
		（襄）绵课· 庄勤亲王 绵护 庄质亲王 绵谨
		嗣王 奕赍 （厚）奕仁
		嗣王 载勋 嗣王 载功
·温郡王佛永惠 弟延绶子		·禄 四任帝玄烨子 ·课 庄慎亲王永琦侄

	惠郡王 博尔果洛	贝勒 福苍	惠郡王 球琳	辅国公 德谨								
镇国悫厚公 高塞	不入八分 辅国公 云升	三等镇国将军 释迦保	辅国将军 忠福									
辅国公 常舒	奉恩将军 海林	奉恩将军 福音	塞沙达	奉恩将军 慧文								
③世祖 福临	④圣祖 玄烨	⑤世宗 胤禛	⑥高宗 弘历	⑦仁宗 颙琰	⑧宣宗 绵宁	⑨文宗 奕詝	⑩穆宗 载淳					
						醇贤亲王 奕譞	⑪德宗 载湉					
							醇亲王 载沣	⑫溥仪				

辅国公 韬塞	奉恩将军 谕德	奉恩将军 明尧	奉恩将军 阿尔吉图	奉恩将军 庆诚								
襄昭亲王 博穆博果尔												

三任帝世祖福临八子

第四代	第五代	第六代	第七代	第八代	第九代	第十代	第十一代					
裕宪亲王 福全	嗣王 保泰	世子 广善										
	辅国公 保绥	裕亲王 广宁										
		裕庄亲王 广禄	（僖）高焕	三等奉国将军 恒存	贝勒 文和	贝子 祥端	镇国公 继善					

④圣祖 玄烨	⑤世宗 胤禛	⑥高宗 弘历	⑦仁宗 颙琰	⑧宣宗 绵宁	⑨文宗 奕詝	⑩穆宗 载淳						
					醇贤亲王 奕譞	⑪德宗 载湉						
						醇亲王 载沣	⑫溥仪					
荣亲王（未命名）												
恭亲王 常宁	僖敏贝勒 海善	禄穆布	贝勒 斐苏	贝子 明韶	辅国公 晋昌	不入八分镇国公 祥林	不入八分镇国公 承熙					
	贝勒 满都护											

纯靖亲王 隆禧	嗣王 富尔祜伦											

四任帝圣祖玄烨三十六子（内十六子早殇、无封，或不序齿）

第五代	第六代	第七代	第八代	第九代	第十代	第十一代	第十二代			
直郡王 胤禔	镇国公 弘昉	辅国公 永扬								
	奉恩将军 弘晌	奉恩将军 永多	绵亘	奉恩将军 奕章	载祃	奉恩将军 溥瑞	奉恩将军 毓荃			
理密亲王·皇太子 胤礽	理亲王 弘皙									
	理恪郡王 弘晀	贝勒 永暖	贝子 绵溥	辅国公 奕灏						
	辅国恪僖公 弘曣	（恪勤）永玮	奉国将军 绵俊	奉恩将军 奕泽	奉恩将军 载普	溥荣	奉恩将军 毓宽			

	辅国公 弘晀	奉恩将军 永增	奉恩将军 绵[illegible]							
诚隐郡王 胤祉	世子 弘晟									
	贝子 弘曙	镇国公 永珊	辅国公 绵策	不入八分 辅国公 奕果	不入八分 辅国公 载龄	不入八分 辅国公 溥元				
⑤世宗 胤禛	⑥高宗 弘历	⑦仁宗 颙琰	⑧宣宗 绵宁	⑨文宗 奕詝	⑩穆宗 载淳					
				醇贤亲王 奕𫍽	⑪德宗 载湉					
					醇亲王 载沣	⑫ 溥仪				
恒温亲王 胤祺	世子 弘升	贝子 永泽	镇国公 绵疆	镇国公 奕奎						

	恒恪亲王 弘晊	（敬）永皓								
淳度亲王 胤祐	世子 弘曙									
	（慎）弘暻	贝勒 永鋆	镇国庄武公 绵洵							
廉亲王 胤祀（阿其那）	世子 弘旺									
贝子 胤禟（塞思黑）	世子 弘旸									
	不入八分辅国公 弘晟									

敦郡王　胤䄉										
履懿亲王　胤祹	弘昆	（端）永诚·	贝勒　绵惠	贝勒　奕纶·						·诚　六任帝弘历子珑·纶　成郡王绵懃子
怡贤亲王　胤祥	（僖）弘晓	（恭）永琅	不入八分辅国公　绵标	怡恪亲王　奕勋						
					嗣王　载垣					
					嗣王　载泰·					·庄恪亲王胤禄四世孙
					（端）载敦·	嗣王　溥静				·宁良郡王弘皎五世孙
							嗣王　毓麒			

恂勤郡王 胤禵	泰郡王 弘春	永晋	绵备	一等镇国将军 奕山						
愉恪郡王 胤禑	（恭）弘庆	贝勒 永珔								
庄恪亲王 胤禄	贝子 弘普	庄慎亲王 永瑺	（襄）绵课	嗣王 奕曼						
果毅亲王 胤礼	果郡王 弘瞻·	（简）永瑹	理贝 绵从	恪慎贝子 奕湘	辅国将军 载坤					·五任帝胤禛子
简泰贝勒 胤祎	贝子 弘闰	辅国公 永玉	不入八分镇国公 绵通							
慎靖郡王 胤禧		质庄亲王 永瑢·	质恪郡王 绵庆	贝勒 奕绮						·六任帝弘历子
恭勤贝勒 胤祜	贝子 弘昽	镇国公 永芝								

诚属亲王 胤祁	贝子 弘谦	镇国公 永康	不入八分镇国公 绵英								
諴恪亲王 胤祕	諴密郡王 弘畅	贝勒 永珠									
	贝子 弘昨	奉恩将军 永松	贝子 绵勋	镇国将军 奕均	镇国公载 信杵						

五任帝世宗胤禛十子(七子无传)

第六代	第七代	第八代	第九代	第十代	第十一代	第十二代						
⑥高宗 弘历	⑦仁宗 颙琰	⑧宣宗 绵宁	⑨文宗 奕詝	⑩穆宗 载淳								
			醇贤亲王 奕譞	⑪德宗 载湉								
				醇亲王 载沣	⑫溥仪							

和恭亲王 弘昼	（勤）永璧	和谨郡王 绵伦										
		贝勒 绵循	贝勒 奕亨	敏恪贝子 载容	镇国公 溥廉	镇国公 毓璋						
果郡王 弘瞻												

六任帝高宗弘历十七子（五子无传）

第七代	第八代	第九代	第十代	第十一代	第十二代					
定安亲王 永璜	定郡王 绵德	贝子 奕纯	贝子 载锡	不入八分辅国公 溥喜						
	定恭亲王 绵恩	（端）奕绍	（敏）载铨	定慎郡王 溥煦·	贝勒 毓朗					·定郡王绵德曾孙
端惠太子 永琏										

循郡王 永璋	贝子 绵懿·	贝子 奕绪	镇国公 载迁	辅国公 溥葵						·成哲亲王 永瑆子
履端亲王 永诚										
荣纯亲王 永琪	荣格郡王 绵亿	贝勒 奕绘	贝子 载钧	镇国公 溥楣						
质庄亲王 永瑢										
哲亲王 永琮										
仪慎亲王 永璇	仪顺郡王 绵志	贝勒 奕绚	载桓	溥颐	贝子 毓崐					
					镇国公 毓岐					

成哲亲王 永瑆	嗣王 绵懃	奕绶	成恭郡王 载锐	贝勒 溥庄	贝子 毓棣					
贝勒 永璂	贝勒 绵偲·	贝子 奕缙								·成哲亲王永瑆子
		镇国公 奕缮								
⑥仁宗 颙琰	⑧宣宗 绵宁	⑨文宗 奕𬣙	⑩穆宗 载淳							
		醇贤亲王 奕譞	⑪德宗 载湉							
			醇亲王 载沣	⑫ 溥仪						
庆僖亲王 永璘	庆良郡王 绵慜	庆郡王 奕綵·								·仪顺郡王绵志子

		不入八分镇国公 绵悌	庆亲王 奕劻·	贝子 载振					·绵悌弟，不入八分。辅国公绵性子

七任帝仁宗颙琰五子(一子无传)

第八代	第九代	第十代	第十一代						
⑧宣宗 绵宁	⑨文宗 奕詝	⑩穆宗 载淳							
	醇贤亲王 奕譞	⑩德宗 载湉							
		醇亲王 载沣	⑫溥仪						
惇恪亲王 绵恺	（怀）奕誴·	贝勒 载濂	溥僎						·八任帝绵宁子
	不入八分辅国公 载润								

	贝勒 载瀛									
	镇国将军 载津									
瑞怀亲王 绵忻	瑞敏郡王 奕誌	端郡王 载漪·	大阿哥 溥儁							·淳怀亲王奕淙子
		贝勒 载洵·								·醇贤亲王奕譞子
惠端亲王 绵愉	镇国公 奕询	镇国公 载泽·	镇国公 溥佶·							·泽 愉恪郡王胤禑六世孙 ·佶 醇贤亲王奕譞孙环
	惠敬郡王 奕详									

八任帝宣宗绵宁九子

第九代	第十代	第十一代								
隐志贝勒 奕纬	恭勤贝勒 载治·	贝勒 溥伦								·循郡王永璋孙奕纪子
顺和郡王 奕纲										
慧质郡王 奕继										
⑨文宗 奕詝	⑩穆宗 载淳									
惇勤亲王 奕誴	贝勒 载濂									
	端郡王 载漪	大阿哥 溥儁								

	不入八分辅国公　载澜									
恭忠亲王　奕䜣	果毅贝勒　载澂	恭亲王　溥伟·								·贝勒载滢子
	贝勒　载滢									
醇贤亲王　奕譞	镇国公　载洸									
	⑪德宗　载湉	醇亲王　载沣	⑫溥仪							
钟端郡王　奕詥	贝勒　载滢·									·恭忠亲王奕䜣子
	贝勒　载涛·									·醇贤亲王奕譞子

孚敬郡王　奕譓	贝勒　载沛·	贝子　载析								·醇贤亲王奕譞子
	贝勒　载澍·									·孚敬郡王奕譓堂兄奕谵子

九任帝文宗奕詝二子(一子无传)

第十代											
⑩穆宗　载淳											

【第六篇·公主篇】

西汉

其父	生母	封号	姓名	其夫	其夫职位	婚	卒	备注
一任帝高祖刘邦 第一代	高皇后吕雉	鲁元公主	刘	张敖	赵王张耳子			
五任帝太宗刘恒	孝文皇后窦氏	馆陶公主（窦主）	刘嫖	陈午	堂邑侯陈婴孙			女陈娇为七任帝刘彻后
第二代		昌平公主	刘	周胜之	绛侯周勃子			
六任帝景帝刘启	孝景皇后王娡	平阳公主	刘	㈠曹寿㈡卫青	㈠平阳侯㈡大将军			
第三代	孝景皇后王娡	南宫公主	刘	耏申	张侯			
		隆虑公主	刘					子昭平君
七任帝世宗刘彻		鄂邑公主（盖主）	刘	王充	盖侯		前80	谋反被杀
第四代	思皇后卫子夫	卫长公主	刘	栾大	五利将军	前113		前112年，栾大腰斩
	思皇后卫子夫	阳石公主	刘				前91	坐巫蛊，为父所杀
	思皇后卫子夫	诸邑公主	刘				前91	坐巫蛊，为父所杀
		夷安公主	刘		昭平君			
江都王刘建		江都公主汉公主	刘细君	岑娶	乌孙王	前105	前103	

第五代		汉公主（楚主）	刘解忧	㊀岑娶㊁翁靡㊂狂生	乌孙王	前102	前49	㊀楚王刘戊孙女㊁刘解忧前51年返国，年且70㊂刘相夫未婚
		汉公主（少主）	刘相夫	元贵靡	刘解忧子			
十任帝中宗刘询		敬武公主	刘	㊀张临㊁薛宣	㊀富平侯㊁高阳侯		3	王莽逼使自杀
第七代		阳邑公主	刘	张建	博成侯			
十一任帝高宗刘奭		平阳公主	刘	夏侯颇	夏侯婴曾孙			
第八代		颍邑公主	刘					

东汉

其父	生母	封号	姓名	其夫	其夫职位	婚	卒	备注
南顿令刘钦	皇妣樊娴都	新野公主	刘元	邓晨			22	与三女俱为新兵所杀,弟为一任帝刘秀
	皇妣樊娴都	湖阳公主	刘黄	胡珍	骑都尉			弟为一任帝刘秀
	皇妣樊娴都	宁平公主	刘伯姬	李通	固始侯			兄为一任帝刘秀
一任帝世祖刘秀		舞阴公主	刘义王	梁松	延陵侯			梁松坐悬书诽谤,诛
第一代		涅阳公主	刘中礼	窦固	显亲侯			
		馆陶公主	刘红夫	韩光				韩光坐与淮阳王刘延谋反,诛
		淯阳公主	刘礼刘	郭璜	阳安侯			郭璜坐与大将军窦宪谋反,诛
		郦邑公主	刘绶	阴丰	新野侯阴就子		58	阴丰杀公主,己亦被诛
二任帝显宗刘庄		获嘉公主	刘姬	冯柱				
第二代		平阳公主	刘奴	冯顺	大鸿胪			
		隆虑公主	刘延	耿袭	牟平侯			
		平氏公主	刘次					

		沁水公主	刘致	邓干	高密侯			
		平皋公主	刘小姬	邓蕃	昌安侯			
		浚仪公主	刘仲	王度	鞅侯			
		武安公主	刘惠	来棱	征羌侯		128	
		鲁阳公主	刘臣					
		乐平公主	刘迎					
		成安公主	刘民					
东海恭王刘强 第二代		沘阳公主	刘	窦勋				兄为二任帝刘庄。窦勋坐父罪，死于狱
三任帝肃宗刘炟 第三代		武德公主	刘男					
		平邑公主	刘王	冯由	黄门侍郎			
		阴安公主	刘吉					
四任帝穆宗刘肇 第四代		修武公主	刘保					
		共邑公主	刘成					共邑，即今河南辉县
		临颍公主	刘利	贾建	即墨侯			
		闻喜公主	刘兴					
清河孝王刘庆		舞阳公主	刘别得	邓褒	少府			兄为六任帝刘祜

第四代		阴城公主	刘	班始	班超孙			
		濮阳公主	刘久长	耿良	好畤侯			
		平氏公主	刘直得	来定	虎贲中郎将			
		涅阳公主	刘侍男	岑熙	细阳侯			
八任帝敬宗刘保 第六代		舞阳公主	刘生					
		冠军公主	刘成男					
		汝阳公主	刘广					
蠡吾侯刘翼 第五代		长社公主	刘本	耿援	好畤侯			兄为十一任帝刘志
		益阳公主	刘明	寇				
		阳安公主	刘华	伏完	不其侯			女伏寿，为十四任帝刘协后
		颍阳公主	刘坚					
		阳翟公主	刘修					
十二任帝灵帝刘宏 第六代		万年公主	刘					
		内黄公主	刘	窦穆	安丰侯窦幅子			窦穆坐贿赂小吏，死于狱

晋

其夫	生母	封号	姓名	其夫	其夫职位	婚	卒	备注
高祖司马懿 第一代		高陆公主	司马	杜预	镇南大将军			一任帝司马炎姑
一任帝世祖司马炎 第三代	武元皇后杨艳	平阳公主	司马					
	武元皇后杨艳	新丰公主	司马					
	武元皇后杨艳	阳平公主	司马					
		万年公主	司马					早卒
	贵嫔胡芳	武安公主	司马	温裕	左光禄大夫			
		长广公主	司马	甄德				
		荥阳公主	司马	华恒	散骑常侍			
		荣阳公主	司马	卢谌	后赵国子祭酒			未婚卒
		繁昌公主	司马	卫宣	司空卫瓘子			离婚
		襄城公主	司马	王敦	丞相·扬州牧			
		常山公主	司马	王济	侍中			后双目失明
二任帝惠帝司马衷 第四代	惠皇后贾南风	河东公主	司马	孙会	中书令孙秀子	300		
	惠皇后贾南风	临海公主	司马	曹统	宗正			初封清河公主
	惠皇后贾南风	始平公主	司马					
		哀献公主	司马					
七任帝中宗司马睿 第四代		浔阳公主	司马	羊贲				
		南康公主	司马					

八任帝肃祖 司马绍 第五代	明穆皇后 庾文君	南康公主	司马 兴男	桓温	大司马			谥宣
		庐陵公主	司马					
		太平公主	司马					
九任帝显宗 司马衍 第六代		南平公主	司马	刘赤松	江州刺 史刘胤 子·义 兴太守			
		寻阳公主	司马	荀羡	散骑 常侍			
十一任帝孝宗 司马聃 第七代		余姚公主	司马					
十四任帝 简文帝 司马昱 第五代		新安公主	司马 道福	㊀桓济 ㊁王献之	㊀吴兴 太守			谥愍 女王神爱 为十六任 帝司马德 宗后
		武昌公主	司马	桓修	右将军			
		寻阳公主	司马	王袆之	中书 侍郎			
十五任帝 烈宗 司马曜 第六代		晋陵公主	司马	谢混	尚书 左仆射			晋亡，改 封东乡君
	贵人 徐氏	新安公主	司马					
		鄱阳公主	司马	王嘏	王道玄孙 ·中领军			子王偃
十七任帝 恭帝 司马德文 第七代		海盐公主	司马 茂英	刘义符	南宋 二任帝		432	
		富阳公主	司马					

五胡乱华十九国

汉赵

其父	生母	封号	姓名	其夫	其夫职位	婚	卒	备注
五任帝刘曜 第二代		安定公主	刘	石虎	后赵三任帝	329	349	被杀

前秦

其父	生母	封号	姓名	其夫	其夫职位	婚	卒	备注
三任帝世祖苻坚 第二代		顺阳公主	苻	杨璧	南秦州刺史			
		公主	苻宝				385	为父所杀
		公主	苻锦				385	为父所杀

后秦

其父	生母	封号	姓名	其夫	其夫职位	婚	卒	备注
一任帝太祖姚苌 第一代		南安公主	姚					
二任帝高祖姚兴 第二代		西平公主	姚	拓跋嗣	北魏二任帝	415		铸金人不成，改封夫人

西秦

其父	生母	封号	姓名	其夫	其夫职位	婚	卒	备注
三任王太祖乞伏炽磐 第二代		平昌公主	乞伏	沮渠兴国	北凉二任王沮渠蒙逊世子			

南燕

其父	生母	封号	姓名	其夫	其夫职位	婚	卒	备注
一任帝世宗慕容德 第一代		平原公主	慕容	段丰				

北燕

其父	生母	封号	姓名	其夫	其夫职位	婚	卒	备注
二任帝太祖冯跋 第一代		乐浪公主	冯	郁久闾斛律	柔然二任可汗			

西凉

二任王太祖 李暠 第一代		公主	李敬受	沮渠 茂虔	北凉 三任王	439		绝婚

北凉

二任王太祖 沮渠蒙逊 第一代		兴平公主	沮渠	拓跋焘	北魏 三任帝		447	为其夫所杀

北魏

(一)

其父	生母	封号	姓名	其夫	其夫职位	婚	卒	备注
		长城公主	拓跋	穆真	太尉穆崇孙南部尚书			
		章武公主	拓跋	穆泰	穆真子·征北将军			
		饶阳公主	拓跋	穆伯智	穆泰子			
		宜阳公主	拓跋	穆观	右弼			七任帝元宏时
		乐陵公主	拓跋	穆寿	穆观子·宜都王			八任帝元恪时
		城阳公主	拓跋	穆平国	穆寿子·中书监			
		济北公主	拓跋	穆伏干	穆平国子			
		新平公主	拓跋	穆罴	穆平国子·中书监			七任帝元宏时
		中山公主	拓跋	穆亮	穆平国子·司空			七任帝元宏时
		琅邪公主	拓跋	穆绍	穆亮子·侍中			九任帝元诩时
		长乐公主	拓跋	穆正国	穆寿子·驸马都尉			
		华阴公主	拓跋	万拔	长乐王			二任帝拓跋嗣时

		临泾公主	拓跋					司马弥陀拒婚，被杀
		河内公主	拓跋	司马楚之	朔州刺史			
		赵郡公主	拓跋	司马跃				
		沧水公主	拓跋	李安世	相州刺史			
		兰陵公主	拓跋	郁久闾阿那环	柔然头兵可汗	535		
		上庸公主	拓跋	陆子彰				初封蓝田公主

(二)

沮渠茂虔		武威公主	沮渠	高潜	宁远将军			武威公主女袭母封，子高崇
		北乡公主		尔朱荣	天柱大将军			

(三)

昭成帝拓跋什翼犍		辽西公主	拓跋	贺野千				一任帝拓跋珪姑
一任帝太祖拓跋珪 第一代	宣穆皇后刘氏	华阴公主	拓跋	闾大肥	内都大官			与二任帝拓跋嗣同母
		获泽公主	拓跋	闾大肥				继室
二任帝太宗拓跋嗣 第二代		阳翟公主	拓跋	姚黄眉	后秦二任帝姚兴子			
		长乐公主	拓跋	高猛	殿中尚书			
		始平公主	拓跋	赫连昌	胡夏二任帝·会稽公			

		武威公主	拓跋	沮渠茂虔	北凉三任王			三任帝拓跋焘妹
三任帝世祖拓跋焘 第三代		南安公主	拓跋	杜超	阳平公			
		上谷公主	拓跋	乙瓌	西平公			
景穆太子拓跋晃 第四代		安乐公主	拓跋	乙乾归	乙瓌子·中道都将			
		博陵公主	拓跋	冯熙	北燕二任帝冯跋孙			
五任帝高宗拓跋濬 第五代		顿丘公主	拓跋					
		武邑公主	拓跋	刘昶	南朝宋三任帝刘义隆子			
		建兴公主	拓跋	刘昶				继室
		平阳公主	拓跋	刘昶				继室
六任帝显祖拓跋弘 第六代		常山公主	拓跋	陆昕之				
		乐良公主	拓跋	卢道裕	泾州刺史			
		彭城公主	拓跋	刘承绪	刘昶子			
		乐安公主	拓跋	冯诞	冯熙子·司徒			
七任帝高祖元宏始 第七代		始平公主	元	穆平城	穆正国子			冥婚
		华阳公主	元	司马朏	镇远将军		524	
		淮阳公主	元	乙瑗	乙乾归子·西兖州刺史			
		济南公主	元	卢道虔	卢道裕弟			

		义阳公主	元	卢仲训	光禄大夫			
		兰陵公主	元	刘辉	刘昶子			
		南阳公主	元	萧宝寅	南齐五任帝萧鸾子			
		顺阳公主	元	冯穆	冯诞子·金紫光禄大夫			
		西河公主	元	薛洪祚				
		长乐公主	元					
		高平公主	元	高肇	尚书令			
彭城武宣王元勰 第七代		寿阳公主	元莒犁	萧赞(综)	南梁豫章王·入北魏封丹阳王			十一任帝元子攸姊，530年为尔朱世隆所杀
		丰亭公主	元	李彧	广州刺史			元子攸妹
中山献武王元英 第八代		饶安公主	元	刁宣				
清河文献王元怿 第八代		博陵公主	元	司马庆云				十六任帝(东)元善见姑
广平武穆王元怀 第八代		平原公主	元	㊀张欢 ㊁宇文泰	㊀开府 ㊁北周文帝			十五任帝元修妹，改封冯翊公主
		平阳公主	元	郑文宽	开府			
	平原公主	元	㊀ ㊁封隆之	㊀ ㊁侍中				

		明月公主	元				534	被杀
八任帝世宗元恪 第八代		太原公主	元	㊀ ㊁裴询	㊀ ㊁七兵尚书			
	崇宪皇后高氏	建德公主	元	萧烈	萧宝寅子			
		阳平公主	元	宇文测	太子少保			
高阳王元泰 第八代		东海公主	元静仪	崔括	黄门郎			
		琅邪公主	元玉仪					
十一任帝敬宗元子攸 第八代		平阳公主	元	张忻	大将军			
十六任帝（西）文帝元宝炬 第九代		安乐公主	元	王弼	抚军将军			
		义阳公主	元	窦照	巨鹿郡公			子窦彦，隋西平郡守
		晋安公主	元胡摩	宇文觉	北周一任帝		616	
		金明公主	元	尉迟回	大将军			
清河文宣王元亶 第九代		冯翊公主	元 高澄	齐王				十六任帝（东）元善见妹

南北朝

南宋

其父	生母	封号	姓名	其夫	其夫职位	婚	卒	备注
一任帝高祖刘裕 第一代	敬皇后臧爱亲	会稽公主	刘兴弟	徐逵之	振威将军			子徐湛之,谥宣
	夫人张氏	义兴公主	刘惠媛					
		豫章公主	刘欣男	㊀徐乔 ㊁何瑀	㊁右卫将军		464	
		吴兴公主	刘荣男	王偃	右光禄大夫			
		始安公主	刘	褚湛之	尚书左仆射			谥哀
		吴郡公主	刘	褚湛之			476	继室,谥宣
		新安公主	刘	王景深				离婚
		宣城公主	刘	周峤				谥德
三任帝太祖刘义隆 第二代		海盐公主	刘	赵倩	丹阳尹赵伯符子			离婚
	元皇后袁齐妫	东阳公主(武康主)	刘英娥	王僧绰	豫宁侯			谥献
		新蔡公主	刘英媚	何迈	何瑀子·宁朔将军			其侄六任帝刘子业。纳为妃,杀何迈
		寻阳公主	刘	郗晔	太子舍人			女郗徽,南梁一任帝萧衍后
		临川公主	刘英媛	王藻	王偃子·东阳太守			公主陷王藻下狱死,离婚
		长城公主	刘	谢纬				
		琅邪公主	刘	褚授	太宰参军			谥贞

		淮阳公主	刘	江恁	江湛子			子江敩
		南郡公主	刘	褚渊	褚湛之子			谥献
		南阳公主	刘	徐恒之	徐湛之子			
		庐江公主	刘	褚澄	褚湛之子			
五任帝世祖刘骏		安固公主	刘	王志	王僧虔子			
第三代	文穆皇后王宪嫄	山阴公主	刘楚玉	何戢	中书令何尚之孙			
	文穆皇后王宪嫄	临淮公主	刘楚佩	王莹	王偃孙·王懋子			
	文穆皇后王宪嫄	康乐公主	刘修明	徐孝嗣	司空徐湛之孙			
		临汝公主	刘	江敩	江恁子·秘书监			
		临海公主	刘					
		公主	刘楚琇					
		安吉公主	刘	蔡约	蔡廓孙·南齐录尚书事			
七任帝太宗刘彧	恭皇后王贞风	晋陵公主	刘伯姒					
第三代	恭皇后王贞风	建安公主	刘伯媛					
		阳羡公主	刘	王俭	王僧绰子			

南齐

一任帝太祖 萧道成 第一代		临海公主	萧	王彬	永嘉太守			
		淮南公主	萧	王暕	王俭子 ·南梁 左仆射			
二任帝世祖 萧赜 第二代		吴县公主	萧	王观	王僧虔孙			
		武康公主	萧	徐演	徐孝嗣子 ·太 子中庶子			
		长城公主	萧	何敬容	驸马都尉			
五任帝高宗 萧鸾 第二代		山阴公主	萧	徐况	徐孝嗣子			
		钱塘公主	萧	谢览	太子舍人			

南梁

太祖 萧顺之		义兴公主	萧 令 嫕	王琳	南齐侍 中王 份子		谥 昭	
		新安公主	萧	王茂璋	王弘孙			子王冲， 谥穆
一任帝高祖 萧衍 第一代		临安公主	萧					
		长城公主	萧	柳偃	鄱阳 内史			
	德皇后 郗徽	永兴公主	萧 玉 姚	殷钧殷 叡子· 秘书丞				
	德皇后 郗徽	永世公主	萧玉婉	㈠谢谟 ㈡王諲				
	德皇后 郗徽	永康公主	萧玉环					

		安吉公主	萧玉志	王实	王莹子·新安太守			
		永嘉公主	萧	王铨	王琳子			
		富阳公主	萧	张缵	驸马都尉			
临川王 萧宏 第一代		长乐公主	萧	谢禧				
始兴王 萧亮 第二代		繁昌公主	萧	王琮				
南康王 萧绩 第二代		固安公主	萧					
二任帝太宗 萧纲 第二代	简皇后 王灵宾	长山公主	萧妙碧					
		余姚公主	萧	王溥	王铨子			
	淑妃 范氏	溧阳公主	萧	侯景	丞相			
二任帝世祖 萧绎 第二代	王妃 徐昭佩	益昌公主	萧含贞					
		安固公主	萧	郑译	隋上柱国			

陈

一任帝高祖 陈霸先 第一代		会稽公主	陈	沈君理	尚书 右仆射		谥穆
		永嗣公主	陈	钱藏	陈留 太守		
始兴王 陈道谭 第一代		信义公主	陈	到郁	到仲 举子		二任帝陈蒨妹
二任帝世祖 陈蒨		丰安公主	陈	留贞臣			

第二代		富阳公主	陈	㊀柳盼 ㊁侯净藏	㊀柳偃子 ㊁侯瑱子			
四任帝高宗 陈顼		信义公主	陈	蔡凝	吏部侍郎			
第二代		义兴公主	陈	钱肃				

北齐

文穆帝 高澍		公主	高	尉景				高祖高欢姊，初封常山君
		乐陵公主	高	库狄干	太宰·章武郡王			
高祖 高欢		公主	高					
第一代		公主	高	㊀元修 ㊁元韶	㊀北魏十五任帝 ㊁北魏彭城王			
		公主	高	㊀元善见 ㊁杨遵彦	㊀北魏十六任帝 ㊁尚书左仆射			
		颍川公主	高	段懿	乐陵郡公段韶子			
		义宁公主	高	斛律武都	斛律金孙			
		公主	高	司马消难	太尉司马子如子			

		阳翟公主	高	燕子献	右仆射			
	高阳太妃游氏	浮阳公主	高					
		东平公主	高	可朱浑天和	博陵公			
一任帝显祖高洋 第二代		中山公主	高	段宝鼎	段懿子			
世宗高澄 第二代		乐安公主	高	崔达拏	右仆射崔暹子			
四任帝世祖高湛 第二代		永昌公主	高	段深	段韶子			未婚卒
	东安公主	高	段深					

北周

德帝宇文肱		昌乐公主	宇文	尉迟俟兜			559	太祖宇文泰姊
		建安公主	宇文	贺兰初真				宇文泰姊
太祖宇文泰 第一代		襄阳公主	宇文	窦毅	神武公			女为唐一任帝李渊后
		平原公主	宇文	于翼				
		永富公主	宇文	史雄	驭中大夫			
		公主	宇文	贺拔纬	贺拔岳子·霍国公			
		公主	宇文	若干凤	若干惠子·徐国公			
		西河公主	宇文	刘昶	刘亮子·彭国公			

		义归公主	宇文	李基	海州刺史			
		襄乐公主	宇文	韦世康	上开府			
二任帝世宗 宇文毓 第二代		河南公主	宇文	尉迟敬	仪同三司			
赵王 宇文招 第二代		千金公主	宇文	沙钵略	突厥 可汗	570	582	隋改封大义公主，为都兰可汗所杀

隋

其父	生母	封号	姓名	其夫	其夫 职位	婚	卒	备注
太祖 杨忠		安成公主	杨	窦荣定	左武卫 大将军			一任帝 杨坚姊
		昌乐公主	杨	豆卢通	洪州 总管			杨坚妹
		公主	杨	李礼成	宁州 刺史			杨坚妹
一任帝高祖 杨坚 第一代		乐平公主	杨丽华	宇文赟	北周 四任帝			女宇文娥英
		兰陵公主	杨阿五	㈠王奉孝 ㈡柳述	㈠仪同 ㈡亲卫			卒年 32
		广平公主	杨	宇文 静礼	熊州 刺史			
二任帝世祖 杨广 第二代	南阳公主	杨	宇文 士及	许国公 宇文 述子			630	
		光化公主	杨	㈠吐伏 ㈡吐伏允	吐谷 浑王			宗女
		安义公主	杨	染干	突厥启 民可汗	597	598	宗女
		义成公主	杨	染干				继室
		信义公主	宇文	处罗	西突厥 昌萨那 可汗	614		618 年,处 罗被杀
		华容公主	杨	麴伯雅	高昌十 二任王	612		宗女

唐

其父	生母	封号	姓名	其夫	其夫职位	婚	卒	备注
世祖 李昞	元贞 皇后 独孤氏	同安公主	李	王裕	随州 刺史			一任帝李渊妹，卒年86
一任帝高祖 李渊 第一代		长沙公主	李	冯少师				
		襄阳公主	李	窦诞				
	太穆皇后 长孙氏	平阳公主	李	柴绍			623	谥昭
		高密公主	李	㊀长孙 孝政 ㊁段纶	㊁杞 国公		655	
		桂阳公主	李	㊀赵慈景 ㊁杨师道	㊀华州 刺史			后改封 长广公主
		万春公主	李	逗卢怀让	豆卢 宽子			后改封 长沙公主
		永嘉公主	李	㊀窦奉节 ㊁贺兰 僧伽				后改封 房陵公主
		九江公主	李	执失 思力				
		庐陵公主	李	乔师望	同州 刺史			
		南昌公主	李	苏勖				
		安平公主	李	杨思敬				
		淮南公主	李	封道言				
		真定公主	李	崔恭礼				
		衡阳公主	李	阿史 那社尔				
		丹阳公主	李	薛万彻	宁州 刺史			653年薛万彻坐与房遗爱谋反，诛
		临海公主	李	裴律师				

		馆陶公主	李	崔宣庆			
		千金公主	李	㊀温挺 ㊁郑敬玄			后改封安定公主
		常乐公主	李	赵瓌	寿州刺史	688	夫妇与越王李贞讨则大皇后武曌，兵败自杀
二任帝太宗李世民 第二代		襄城公主	李	㊀萧锐 ㊁姜简		651	
		汝南公主	李				早卒
		南平公主	李	㊀王敬直 ㊁刘玄意			
		遂安公主	李	㊀窦逵 ㊁王大礼			
	文德皇后长孙氏	长乐公主	李	长孙冲			
		豫章公主	李	唐义识			
		巴陵公主	李	柴令武	柴绍子	653	追赠比景公主。坐与房遗爱谋反，夫妇同诛
		普安公主	李	史仁表			
		东阳公主	李	高履行			
	贵妃韦氏	临川公主	李	周道务	检校右骁卫将军	682	
		清河公主	李敬	程怀亮	宁远将军·程知节子	664	字德贤
		兰陵公主	李淑	窦怀悊	兖州都督	656	字丽真
		晋安公主	李	㊀韦思安 ㊁杨仁辂			
		安康公主	李	独孤谌			

		新兴公主	李	长孙曦			
		城阳公主	李	㊀杜荷 ㊁薛瓘	㊁房州刺史		634年，杜荷坐太子李承基谋反,诛
		高阳公主	李	房遗爱	散骑常侍	653	追赠合浦公主
		金山公主	李				早卒
	文德皇后长孙氏	晋阳公主	李明达				乳名兕子，卒年12
		常山公主	李			656	早卒
	文德皇后长孙氏	新城公主	李	㊀长孙诠 ㊁韦正矩	㊀长孙操子 ㊁奉冕大夫		公主暴卒，斩韦正矩
三任帝高宗李治 第三代	淑妃萧氏	义阳公主	李	权毅			
		宣城公主	李	王勖	颍州刺史	713	后改封高安公主
	则天皇后武曌	太平公主	李	㊀薛绍 ㊁武攸暨	㊁安定王	713	为其侄李隆基所杀
四任帝中宗李显 第四代		新都公主	李	武延晖			
		宜城公主	李	裴巽			始封义安郡主
		定安公主	李	㊀王同皎 ㊁韦濯 ㊂崔铣	㊀卫尉少卿 ㊂太府卿		始封新宁郡主，王同皎、韦濯均诛
	皇后韦氏	长宁公主	李	㊀杨慎交 ㊁苏彦伯			杨慎交，728年卒
		永寿公主	李	韦钞			早卒
		永泰公主	李仙蕙	武延基		701	以忤张易之为祖母武曌所杀死，年17

	皇后韦氏	安乐公主	李裹儿	㊀武崇训 ㊁武延秀			710	武崇训于706年被杀
		新平公主	李季姜	韦捷	韦皇后侄			后改封成安公主，韦捷于710年被杀
五任帝睿宗李旦 第四代		寿昌公主	李	崔真				
		安兴公主	李					早卒，谥昭怀
		荆山公主	李	薛伯阳				
		淮阳公主	李	王承庆				
	肃明皇后刘氏	代国公主	李华	郑万钧				字华婉
		仙源公主	李华庄	薛伯阳				后改封凉国公主
		清阳公主	李	㊀王守一 ㊁裴巽				后改封薛国公主
	贵妃崔氏	荊山公主	李	㊀薛儆 ㊁郑孝义				后改封鄎国公主
		金仙公主	李					712年为道士
		玉真公主	李持盈				762	与金仙公主同为道士，号上清玄都大洞三景师
		霍国公主	李	裴虚己				
九任帝玄宗李隆基 第五代		永穆公主	李	王繇		723		
		常芬公主	李	张去奢				
		孝昌公主	李	早卒				
		唐昌公主	李	薛锈				
		灵昌公主	李					早卒
		常山公主	李	㊀薛谭 ㊁窦泽				

	万安公主	李					742 年为道士
	上仙公主	李					早卒
	怀思公主	李					早卒
	高都公主	李	崔惠童				785 年改封晋国公主
	新昌公主	李	萧衡				
淑妃皇甫氏	临晋公主	李	郑潜曜			766	
	建平公主	李	㊀豆卢建 ㊁杨说			785	785 年改封卫国公主
	真阳公主	李	㊀源清 ㊁苏震				
	信成公主	李	独孤明				
	寿春公主	李	吴澄江				785 年改封楚国公主;784 年为道士,号上善
	普康公主	李					早卒
才人高氏	昌乐公主	李	窦锷			766	
	永宁公主	李	裴齐丘				
	平昌公主	李	㊀温西华 ㊁杨徽			806	785 年改封宋国公主
	兴信公主	李	㊀张垍 ㊁裴颍 ㊂杨敷			785	后改封宁亲公主,785 年改封齐国公主
惠妃武氏	咸宜公主	李	㊀杨洄 ㊁崔嵩			784	
	宜春公主	李					早卒
芳仪董氏	广宁公主	李	㊀程昌胤 ㊁苏克贞			766	
美人杜氏	万春公主	李	㊀杨朏 ㊁杨锜			766	

	贞顺皇后武氏	太华公主	李	杨锜			742	
		寿光公主	李	郭液				
		乐城公主	李	薛履谦				坐岐王李珍谋反,诛
	才人常氏	新平公主	李	㊀裴理 ㊁姜庆初			766	囚于宫中卒
	姬曹野那	寿安公主	李虫娘	苏发				
十任帝肃宗李亨 第六代	长乐公主	李	豆卢湛					785年改封宿国公主
		宁国公主	李					(见和亲公主表)
		章敬皇后吴氏	和政公主	李	柳潭			与十一任帝代宗李豫同母
		大宁公主	李	张清			785	后改封郯国公主
		宜宁公主	李	郑沛			806	785年改封纪国公主
	妃韦氏	宝章公主	李	王诠			766	后改封永和公主
		延光公主	李	㊀裴徽 ㊁萧升			790	785年改封郜国公主
十一任帝代宗李豫 第七代		灵仙公主	李					早卒
		真定公主	李					早卒
		永清公主	李	裴倣				
	贵妃崔氏	升平公主	李	郭暧	郭子仪子		806	赠齐国公主谥昭懿
	贞懿皇后独孤氏	华阳公主	李					772 年为道士,号琼华真人
		玉清公主	李					早卒

		嘉丰公主	李	高怡			780	
		长林公主	李	沈明	卫尉少卿	786	806	
		太和公主	李					早卒
		武清公主	李	田绪	魏博节度使		806	后改封嘉诚公主，又改封赵国公主，谥庄懿
		玉虚公主	李					早卒
		普宁公主	李	吴士广				
		晋阳公主	李	裴液	太常少卿		827	
		义清公主	李	柳杲	秘书少监			
		寿昌公主	李	窦克良	光禄少卿		785	
		新都公主	李	田华		796		
		西平公主	李					早卒
		章宁公主	李					早卒
十二任帝 德宗 李适 第八代	昭德皇后 王氏	唐安公主	李	韦宥	秘书少监			未婚卒，追封韩国公主，谥贞穆
		义阳公主	李	王士平	安州刺史			追封魏国公主，谥宪穆
		义章公主	李	张茂宗	光禄少卿	797		追封郑国公主，谥庄穆
		临真公主	李	薛钊	秘书少监		806	
		永阳公主	李	崔谭	殿中少监			
		普宁公主	李					早卒
		文安公主	李				827	出家为道士

		咸安公主	李					(见和亲公主表)
		义川公主	李					早卒
		宜都公主	李	柳昱	殿中少监		785	
		晋平公主	李					早卒
十三任帝 顺宗 李诵	庄宪皇后 王氏	汉阳公主	李畅	郭鈲			840	始封德阳郡主
第九代	庄宪皇后 王氏	普安公主	李	郑何				始封咸宁郡主,追封梁国公主,谥恭靖
	庄宪皇后 王氏	云安公主	李	刘士泾				
		东阳公主	李	崔杞				始封信安郡主
		西河公主	李	沈翚			860	始封武陵郡主
		襄阳公主	李	张克礼	张孝忠子			始封晋康县主
	昭仪 崔氏	浔阳公主	李					829 年为道士
		平恩公主	李					929 年为道士,早卒
		邵阳公主	李					829 年为道士,早卒
	昭训 崔氏	临汝公主	李					早卒
		阳安公主	李	王承系				始封清源郡主,追封虢国公主
十四任帝 宪宗 李纯 第十代	普宁公主	李	于季友					后改封永昌公主,追封梁国公主,谥惠康

		永嘉公主	李					出家为道士
		衡阳公主	李					早卒
		宣城公主	李	沈蟻				
		汾阳公主	李	韦让				追封郑国公主，谥温仪
	懿安皇后郭氏	岐阳公主	李	杜悰	澧州刺史			谥庄淑
		陈留公主	李	裴损	太子谕德			
		真宁公主	李	薛翃				
		南康公主	李	沈汾			860	
		临真公主	李	卫洙			860	始封襄城公主
		普康公主	李					早卒
		安陵公主	李	杜中立				后改封真源公主
		永顺公主	李	刘弘景				
		永安公主	李					（见和亲公主表）
	明孝皇后郑氏	安平公主	李	刘异			874	与十九任帝宣宗李忱同母
		太和公主	李					（见和亲公主表）
		义宁公主	李					早卒
		贵乡公主	李					早卒
十五任帝 穆宗 李恒 第十一代	贵妃武氏	义丰公主	李	韦处仁			860	
	昭仪张氏	淮阳公主	李	柳正元				
		延安公主	李	窦澣				
		晋陵公主	李	郭仲恭			874	后改封金堂公主
		清源公主	李				827	

		饶阳公主	李	郭仲词				
		义昌公主	李				860	出家为道士
		安康公主	李					出家为道士
十六任帝 敬宗 李湛 第十二代		永兴公主	李					
		天长公主	李					
		宁国公主	李				880	
十七任帝 文宗 李昂 第十二代		兴唐公主	李					
		西平公主	李					
		朗宁公主	李				860	
		光化公主	李				880	
十八任帝 武宗 李炎 第十二代		昌乐公主	李					
		寿春公主	李					
		长宁公主	李	847				
		延庆公主	李					
		静乐公主	李				860	
		乐温公主	李					
		永清公主	李				860	
十九任帝 宣宗 李忱 第十一代		万寿公主	李	郑颢	校书郎	848		
		永福公主	李					
		西华公主	李	严祁	刑部侍郎		847	追封齐国公主，谥恭怀
		广德公主	李	于琮	左仆射		880	于琮为黄巢所杀，公主自缢死
		义和公主	李					
		饶安公主	李					
		盛唐公主	李					

		平原公主	李				860	早卒
		唐阳公主	李					
		许昌公主	李	柳陟			881	谥庄肃
		丰阳公主	李					
二十任帝懿宗 李漼 第十二代	淑妃 郭氏	同昌公主	李	韦保衡	右拾遗	869	870	追封卫国公主，谥文懿
		安化公主	李					
		普康公主	李					
		昌元公主	李				860	
		昌宁公主	李					
		金华公主	李					
		仁寿公主	李					
		永寿公主	李					
二十一任帝 僖宗 李儇 第十三代		唐兴公主	李					
		永平公主	李					
二十二任帝 昭宗 李晔 第十三代		新安公主	李					
	积善皇后 何氏	平原公主	李	李继偘	李茂贞子			正月婚，二月离
		信都公主	李					
		益昌公主	李					
		唐兴公主	李					
		德清公主	李					
		太康公主	李					
		永明公主	李					早卒
		新兴公主	李					
		普安公主	李					
		乐平公主	李					
绛王 李悟 第十一代		寿安公主	李					

附：和亲公主

		安化公主	李	诺曷钵	吐谷浑王	639		
		文成公主	李	弃宗弄赞	吐蕃王	641	680	650 年弃宗弄赞卒
二任帝太宗李世民		新兴公主	李	真珠	薛延陀王			642 年成议，旋诏绝婚，改嫁长孙曦
邠王李守礼		金城公主	李	弃隶蹜赞	吐蕃王	710	740	
宋王李成器		金山公主	李	默啜	突厥可汗			711 年成议，旋诏绝婚
		固安公主	辛	李大酺	奚王	717		
杨嗣昌		永乐公主	杨	李失活	契丹可汗（松漠郡王）	717		杨嗣昌为东平王李续外孙
慕容嘉宾	姚余县主	燕郡公主	慕容	郁干	契丹可汗（松漠郡王）	722		724 年，郁干卒，弟吐干继婚
十姓可汗阿史那怀道		交河公主	阿史那	苏禄	突骑施可汗	722		738 年，苏禄为部下所杀
驸马都尉韦捷	新平公主	东光公主	韦	李鲁苏	奚可汗（饶乐郡王）	726		
		东华公主	陈	李邵固	契丹可汗（松漠郡王）	726		730 年，李邵固为部下所杀
告城县令李参		和义公主	李	阿悉烂达干	拔汗那可汗（奉化王）	744		

驸马都尉 独孤明	信成 公主	静乐公主	独孤	李怀节	契丹 可汗 (松漠郡 怀顺王)	745	745	三月婚,九月李怀节杀公主叛
		宜芳公主	杨	李延宠	奚可汗 (饶乐郡 怀信王)			舅父李隆基。三月婚,九月李延宠杀公主叛
十任帝 肃宗 李亨		宁国公主	李	㊀郑巽 ㊁薛康衡 ㊂磨延啜	㊂回纥 英武 可汗	758		759年可汗卒,公主还国
荣王 李琬		小宁国公主	李	磨延啜	回纥英 武可汗	758	791	为宁国公主媵未随还国
大宁郡王 太保 仆固怀恩		崇徽公主	仆固	移地健	回纥英 义可汗	769		
十二任帝 德宗 李适		咸安公主	李	顿莫贺	回纥天 亲可汗	788	808	789年,可汗卒,追封燕国公主,谥襄穆
十四任帝 宪宗 李纯		永安公主	李		回纥保 义可汗			819年,成议而可汗卒,公主出家为道士
		太和公主	李		回纥崇 德可汗	821		825年可汗卒,840年回纥破散,843年公主还国,改封安定公主
		安化公主	李	隆舜	南诏圣 明文武 皇帝			883年成议,未婚

五代十一国

后梁

其父	生母	封号	姓名	其夫	其夫职位	婚	卒	备注
烈祖朱诚		万安公主	朱	袁敬	太府卿			子袁象先
一任帝太祖朱温 第一代		安阳公主	朱	罗廷规	邺王罗绍威子			
		金华公主	朱	罗廷规				继室，910年出家为尼
		长乐公主	朱	赵岩	租庸使户部尚书			
		普宁公主	朱					
		真宁公主	朱					
		晋宁公主	朱	王昭祚	赵王王镕子	900		921年，王昭祚被杀
三任帝朱友贞 第二代		寿春公主	朱	罗周翰	罗绍威子			
		寿昌公主	朱					
		晋安公主	朱	罗周敬	罗绍威子			

后唐

其父	生母	封号	姓名	其夫	其夫职位	婚	卒	备注
唐金吾将军李克让		琼华公主	李	孟知祥	后蜀一任帝		932	改封福庆公主，子孟昶
二任帝明宗李嗣源 第二代		齐国公主	李	赵延寿	燕王			初封兴平、燕国公主
		晋国公主	李	石敬瑭	后晋一任帝		950	初封永宁、魏国公主
		永安公主	李					

四任帝 李从珂 第三代		赵国公主	李惠明				934	出家为尼,被杀

后晋

宪祖 石绍雍		宋国公主	石	杜重威	成德 节度使			二任帝 石重贵姑
		寿安公主	石	乌				
		永寿公主	石	史				
		乐平公主	石	杜				
一任帝高祖 石敬瑭 第一代		长安公主	石	杨承祚	东平王 杨光 远子	938	941	追封秦国、宋国公主
		永宁公主	石	宋延渥	义成 节度使			追封秦国公主

后周

一任帝太祖 郭威 第一代		乐安公主	郭				950	被杀
		晋国公主	郭	张永德初				封寿安公主
		梁国公主	郭					初封永宁公主

前蜀

一任帝高祖 王建 第一代		普慈公主	王	李继崇	岐王李 茂贞侄 秦州 节度使			911年绝婚

后蜀

孟道		褒国公主	孟	伊延环	眉州 刺史			一任帝孟知祥妹,子伊审征
二任帝明 孝帝 孟仁赞		凤仪公主	孟	李孝连	司空 李昊子			

第二代		銮河公主	孟	毋克恭	光禄少卿			
		公主	孟	伊崇度	同平章事伊审征子			
		公主	孟	赵文亮	客省使赵崇韬子			
		公主	孟	韩崇遂	宣徽南院使韩保贞子			

南汉

一任帝高祖刘龑		清源公主	刘	王延钧	五代闽一任帝			
第二代		增城公主	刘	郑旻	南诏王	925		

南唐

太祖徐温 第一代		广德公主	徐	李延勋				
一任帝烈祖李昪 第二代		永兴公主	李	杨琏	南吴一任帝杨溥太子			

辽

其父	生母	封号	姓名	其夫	其夫职位	婚	卒	备注
一任帝太祖耶律阿保机 第一代		耶律质古	萧室鲁	淳钦皇后萧平弟				
东丹王耶律突欲 第二代		耶律阿不里	萧翰	宣武节度使				
二任帝太宗耶律德光 第二代		沂国公主	耶律吕不古	萧思温	北府宰相			改封燕国公主
			耶律朝瑰	萧海瓈	北府宰相		951	
三任帝世宗耶律兀欲 第三代		秦国公主	耶律和古兴	萧啜里	侍中			
		晋国公主	耶律观音	萧夏剌				
			耶律散剌	萧斡里				
		萌古公主	耶律					
五任帝景宗耶律贤 第四代		魏国公主	耶律观音女	萧继先	北府宰相	979		改封齐国公主，又改封燕国公主
		吴国公主	耶律长寿女	萧排押	北府宰相		1017	改封卫国公主，又改封魏国公主
		越国公主	耶律延寿女	萧恒德	东京留守		997	卒年21，追封赵国公主
			耶律淑哥	㈠卢俊 ㈡萧神奴				
六任帝圣宗耶律隆绪		赵国公主	耶律燕哥	萧匹里				改封秦国公主，又改封宋国公主

第五代		越国公主	耶律槊古	萧孝忠	楚王			改封晋国公主，又改封晋蜀国长公主
		南阳公主	耶律抚八	萧孝先	楚王		1030	被杀
		长宁公主	耶律陶哥	萧杨六				
		荊国公主	耶律钿匿	萧双古	国舅详稳			初封平原郡主
		浔阳公主	耶律九哥					
		临海公主	耶律长寿	㊀夯秋 ㊁萧慥古				
		同昌公主	耶律八哥	刘三虾	刘慎行子			
		三河公主	耶律十哥	萧高九	奚王			
		仁寿公主	耶律孽失	刘四端				
			耶律泰哥	萧忽烈				
		魏国公主	耶律岩母堇	㊀萧啜不 ㊁萧海里 ㊂萧胡睹 ㊃萧惠	㊃韩王			改封秦国公主，又改封晋国公主，又加封大长公主
		齐国公主	耶律	萧胡睹				
		金乡公主	耶律赛哥	萧图玉	萧海璆子			
			耶律兴哥	萧王六				
耶律襄 第五代		义成公主	耶律	李继迁	夏州都督（西夏太祖）			宗女

七任帝兴宗耶律宗真 第六代		魏国公主	耶律阪斤	㈠萧撒八 ㈡萧阿速 ㈢萧窝匿	㈠武宁郡王			改封晋国公主
		郑国公主	耶律斡里太	萧余里也	北府宰相			
		兴平公主	耶律	李元昊	西夏一任帝		1038	宗女
八任帝道宗耶律洪基 第七代		郑国公主	耶律撒葛只	萧末			1075	改封魏国公主
		齐国公主	耶律纠里	萧挞不也	北院宣徽使		1089	改封赵国公主
		越国公主	耶律特里	㈠萧酬斡 ㈡萧特末	㈠兰陵郡王 ㈡都统			追封秦晋国公主，改封梁宋国公主
		赵国公主	耶律	萧讹都干				改封许国公主，追封赵国公主，加秦晋国公主
昭怀太子耶律濬 第八代		楚国公主	耶律延寿	萧韩家奴				
九任帝（天祚）耶律延禧 第九代		蜀国公主	耶律余里衍					为金人所掳
		成安公主	耶律南仙	李乾顺	西夏四任帝			宗女
十任帝德宗耶律大石 第九代		耶律布沙堪	萧朵鲁不					即十三任帝承天皇后

宋

(1113 年,改称“帝姬”。1128 年,复称“公主”。)

其父	生母	封号	姓名	其夫	其夫职位	婚	卒	备注
宣祖 赵弘殷		陈国公主 (恭献帝姬)	赵					早卒,改封荊国公主
		秦国公主 (恭懿帝姬)	赵	㊀米福德 ㊁高怀德	㊁忠武节度使		973	初封燕国公主
一任帝太祖 赵匡胤 第一代		申国公主	赵					早卒
		成国公主	赵					早卒
		永国公主	赵					早卒
		魏国公主 (贤肃帝姬)	赵	王承衍	左卫将军		1008	历封昭庆、郑国、秦国公主
		鲁国公主 (贤肃帝姬)	赵	石保吉	左卫将军		1009	历封延庆、许国、晋国公主
		陈国公主 (贤惠帝姬)	赵	魏咸信	右卫将军		999	历封永庆、虢国、齐国、许国公主
二任帝太宗 赵光义 第一代		滕国公主	赵					早卒
		徐国公主 (英惠帝姬)	赵	吴元扆	左卫将军		990	历封蔡国、魏国、燕国公主
		邠国公主	赵				983	初封曹国公主,982 年出家为尼,法号员明大师

		扬国公主(和靖帝姬)	赵	柴宗庆	左卫将军		1033	历封宣慈、鲁国、韩国、魏国、徐国、福国、邓国、晋国公主
		雍国公主(懿顺帝姬)	赵	王贻永	右卫将军		1004	历封贤懿、郑国、韩国公主
		卫国公主(慈明帝姬)	赵				1024	历封寿昌、陈国、吴国、楚国、邠国、建国、申国公主
		荊国公主(献穆帝姬)	赵	李遵勖	许州知州			历封万寿、隋国、越国、宿国、邓国、冀国、魏国、齐国公主
三任帝真宗赵恒		惠国公主	赵					早卒
第二代		升国公主	赵					历封卫国、鲁国公主，出家为尼，号清虚灵照大师
四任帝仁宗赵祯 第三代		周陈国公主(庄孝明懿帝姬)	赵	李玮	赵祯表弟(母章懿李太后侄女)	1070		历封福康、兖国、沂国、越国、楚国、秦国公主，卒年33

	徐国公主	赵				早卒
	邓国公主	赵				早卒
	郑国公主	赵				早卒
	楚国公主	赵				早卒
	商国公主	赵				早卒
	鲁国公主	赵				早卒
	唐国公主	赵				早卒
	陈国公主	赵				早卒
	豫国公主	赵				早卒
	秦鲁国公主（令德景行帝姬）	赵	钱景臻	吴越忠懿王钱弘椒曾孙		历封庆寿、惠国、鲁国、韩国、周国、燕国、秦魏国公主，卒年86
	兖国公主（贤懿恭穆帝姬）	赵	曹诗	左领军卫大将军	1083	历封永寿、荣国、祁国、鲁国、荊国公主，卒年24，子曹晔、曹旻
	燕舒国公主（懿穆帝姬）	赵	郭献卿	开州团练使	1112	历封宝寿、顺国、冀国、魏国、楚国、吴国、秦兖国公主
五任帝英宗赵曙 第四代	魏楚国公主（惠和帝姬）	赵	王师约	左卫将军	1085	历封德宁、徐国、陈国、燕国、秦国、魏国公主
	魏国公主	赵	王诜	左卫将军	1080	历封宝安、舒国、蜀国、越国、秦国、荊国公主，卒年30

		韩魏国公主（贤德懿行帝姬）	赵	张敦礼			1123	历封寿康、祁国、卫国、冀国、秦国、越国、楚国公主
		舒国公主	赵					早卒
六任帝神宗赵顼		周国公主	赵					历封延禧、燕国公主，卒年12
第五代		楚国公主	赵					早卒
		唐国公主	赵	韩嘉彦	韩琦子		1111	历封淑寿、温国、曹国、冀国、雍国、越国、燕国公主
		潭国公主	赵	王遇			1108	历封康国、韩国、鲁国、隋国、郓国公主
		郓国公主	赵					早卒
		潞国公主	赵					早卒
		邢国公主	赵					早卒
		邠国公主	赵					早卒
		兖国公主	赵					早卒
		徐国公主（柔惠帝姬）	赵	潘	郑王潘美曾孙	1104	1115	历封庆国、益国、冀国、蜀国、徐国公主，卒年31
七任帝哲宗赵煦		陈国公主（淑和帝姬）	赵	石端礼		1110	1117	历封德康、瀛国、荣国公主

第六代		邓国公主	赵					早卒
		秦国公主（淑慎帝姬）	赵	潘正夫			1164	历封康懿、嘉国、庆国、韩国、吴国公主
八任帝徽宗赵佶		嘉德帝姬	赵	曹夤	左卫将军			历封德庆、嘉福公主
第六代		荣德帝姬	赵	㊀曹晟 ㊁刁古国王	㊀左卫将军			历封永庆、荣福公主
		顺淑帝姬	赵					历封顺庆、益国公主
		安德帝姬	赵	宋邦光				宋邦光左卫将军历封淑庆、安福公主
		茂德帝姬	赵	宣和殿待制				蔡鞗宣和殿待制历封延庆、康福公主
		寿淑帝姬	赵					历封寿庆、豫国公主
		东淑帝姬	赵					历封惠庆、邓国公主
		安淑帝姬	赵					历封安庆、隆福、蜀国公主
		崇德帝姬	赵	曹湜	左卫将军		1120	历封和庆、崇福公主

	康淑帝姬	赵					历封康庆、承福、商国公主
	荣淑帝姬	赵					历封崇庆、懿福、蔡国公主
	保淑帝姬	赵					历封保庆、鲁国公主
	成德帝姬	赵	向子房				初封昌福公主
	洵德帝姬	赵	田丕				初封衍国公主
	悼穆帝姬	赵					初封徽福公主
	显德帝姬	赵	刘文彦				初封显福公主
	熙淑帝姬	赵					历封熙福、华国公主
	敦淑帝姬	赵					历封寿福、泾国公主
	顺德帝姬	赵	向子扆				初封顺德公主
	柔福帝姬	赵				1141	历封柔福、和国公主
	申福帝姬	赵					
	宁福帝姬	赵					
	保福帝姬	赵					
	贤福帝姬	赵					
	仁福帝姬	赵					
	和福帝姬	赵					

		永福帝姬	赵					
		惠福帝姬	赵					
		令福帝姬	赵					
		华福帝姬	赵					
		庆福帝姬	赵					
		仪福帝姬	赵					
		纯福帝姬	赵					
		恭福帝姬	赵				1129	改封隋国公主，卒年3岁
十三任帝 孝宗 赵伯琮 第八代		嘉国公主	赵				1162	初封硕人、永嘉郡主
十四任帝 光宗 赵惇 第九代		文安公主	赵					早卒
		和政公主	赵					早卒
		齐安公主	赵					早卒
十五任帝 宁宗 赵扩 第十代		祁国公主	赵					卒年六月
十六任帝 理宗 赵贵诚 第十一代		周汉国公主	赵	杨镇	恭圣杨皇后侄孙·右领卫将军	1261	1262	历封瑞国、升国、周国公主，卒年22

元(姓:奇渥温)

其父	生母	封号	姓名	其夫	其夫职位	婚	卒	备注
烈祖也速该		昌国公主	帖木伦	孛秃	昌忠武王			兄为一任帝铁木真
一任帝太祖铁木真 第一代		昌国公主	火臣别吉	孛秃	昌忠武王			继室
		扯扯蛮公主	火鲁	土拉而吉	卫拉特部长忽都哈利吉子			
		赵国公主	阿剌海别吉	㈠不颜昔班 ㈡镇国 ㈢孛要合	㈢赵王			
		郓国公主	秃满	赤窟	驸马			
		阿尔培隆公主		斡剌儿	千户			
		高昌公主	也立安敦	匹尔述阿儿忒	畏兀儿亦都护			
二任帝太宗窝阔台 第二代		鲁国公主	唆儿哈罕	纳合	驸马			
术赤 第二代		大鲁罕公主		脱列勒赤	斡亦剌惕部长忽都合子			叔为二任帝窝阔台
太子拖雷 第二代		鲁国公主	也速不花	斡陈	驸马			
		赵国公主	独木罕	㈠聂古得 ㈡察忽	㈠蓼王 ㈡驸马			
		鲁国公主	薛只千					祖父为一任帝铁木真
大王阿勒赤歹 第二代		昌国公主	也孙真	札忽尔臣	昌武靖王·锁儿哈子			祖伯为一任帝铁木真

四任帝定宗 贵由 第三代		巴巴哈尔 公主		大赤 哈尔	亦都护			
		赵国公主	叶里迷失	君不花	赵忠 襄王			
六任帝宪宗 蒙哥 第三代		昌国公主	伯雅伦	忽怜	昌忠 宣王			
		失林公主		术臣	宏吉剌 部长			
七任帝世祖 忽必烈 第三代		赵国公主	月烈	爱不花	赵武 襄王			
		昌国公主	兀鲁真	孛花	驸马			
		鲁国公主	囊家真	㈠斡罗陈 ㈡铁木儿 ㈢蛮子台				
		齐国公主	忽都鲁 坚迷失	王昛	高丽忠 烈王			子王源(高 丽忠宣王)
		昌国公主	茶伦	帖监干	驸马· 李秃子			
太子 阔出 第三代	昌国公主	安秃	锁儿哈	昌武定王 ·李秃子				祖父为二任 帝窝阔台
		高昌公主	卜鲁罕	纽林	高昌王			祖父为二任 帝窝阔台 (纽林祖父 巴尔述阿儿 忒·父火赤 哈儿)
		八不叉公主		纽林				继室
		高昌公主	朵儿 只思蛮	铁木儿 补花	高昌王			
		昌国公主	卜兰溪	忽怜	昌王			祖父为六 任帝蒙哥
		昌国公主	买的	阿失	昌王			曾祖父为六 任帝蒙哥
		荣寿公主	脱脱灰	秃满答儿	驸马			祖父为七任 帝忽必烈

太子 真金 第四代		赵国公主	忽答迭 迷失	阔里 吉思	赵忠献 王·君 不花子			
		鲁国公主	阿南 不剌	蛮子台				继室
秦王 忙哥剌 第四代		奴兀伦 公主		锁儿哈				继室
安西王 阿答难 第五代		兀鲁真 公主		纽林				继室
八任帝成宗 铁木儿 第五代		昌国公主	益里海雅	阿失	昌王			继室
		赵国公主	爱牙迷失	阔里 吉思				继室
		鲁国公主	普纳	桑哥 不剌	鲁王			
晋王 甘麻拉 第五代		蓟国公主	卜答失里	王源	高丽忠 宣王			兄为十二 任帝也孙 铁木儿
		寿宁公主						
		赵国公主	阿剌 的纳 八剌	注安	赵王			
顺宗 答拉麻八剌 第五代		鲁国公主	祥哥吉剌	琱阿 不拉	驸马			兄为九任帝 海山,女为十 四任帝图铁 木儿后
营王 也先铁木儿 第五代		濮国公主	亦怜只班					族叔八任 帝铁木儿
十任帝仁宗 爱育黎八 方拔达 第六代		阔阔伦公主		脱罗本				

魏王 阿木哥		曹国公主	金童	王焘	高丽忠肃王			继室
第六代		鲁国公主	宝塔失怜	王颛	高丽恭愍王			
十五任帝 明宗 和世㻋		明慧懿贞公主	不答音你					
第七代		月鲁公主		沙蓝朵儿只	昌王			
关西王 焦八		德宁公主		王祯	高丽忠惠王			

明

其父	生母	封号	姓名	其夫	其夫职位	婚	卒	备注
仁祖朱世珍	淳皇后陈氏	太原公主	朱	王七一	荣禄大夫			夫妇早卒
	淳皇后陈氏	曹国公主	朱	李贞	右柱国曹国公			早卒，子李文忠
一任帝太祖朱元璋 第一代		临安公主	朱	李祺	韩国公李善长子	1376	1421	1403年，李祺卒
	孝慈皇后马氏	宁国公主	朱	梅殷	淮安总兵官	1378	1434	兄为三任帝朱棣。卒年81
		崇宁公主	朱	牛城		1384		
	孝慈皇后马氏	安庆公主	朱	欧阳伦		1381		
		汝宁公主	朱	陆贾	吉安侯陆仲亨子	1382		
	成穆贵妃孙氏	怀庆公主	朱	王宁	永春侯	1382		子王贞亮
		大名公主	朱	李坚	滦城侯	1382	1426	子李庄
	安妃郑氏	福清公主	朱	张麟	凤翔侯张龙子	1385	1417	
		寿春公主	朱	傅忠	颍国公傅友德子	1386	1388	
		南康公主	朱	胡观	东川侯胡海子	1388	1438	胡观自缢死
		宝庆公主	朱	赵辉	南京都督	1413	1433	1398年父卒，时年方3岁
	惠妃郭氏	永嘉公主	朱	郭镇	武定侯郭英子	1389	1455	

	贵妃郭氏	汝阳公主	朱	谢达	前府都督佥事	1394		
	妃韩氏	含山公主	朱	尹清	掌后府都督事	1394	1462	卒年 82
南昌王朱兴隆 第一代		福成公主	朱	王克恭	福州卫 8 指挥使			叔父一任帝朱元璋
蒙城王朱 第一代		庆阳公主	朱	黄琛	淮安卫指挥使			蒙城王为仁祖朱世珍弟寿春王之子
懿文太子朱标 第二代		江都公主	朱	耿璿	长兴侯耿炳文子	1394		
		宜伦公主	朱	于礼				
		南平公主	朱				1412	早卒
三任帝成祖朱棣 第二代		永安公主	朱	袁容	广平侯		1417	子袁贞
	永平公主	朱	李让	富阳侯			1444	子李茂芳
	文皇后徐氏	安成公主	朱	宋琥	西宁侯宋晟子	1403	1443	
	文皇后徐氏	咸宁公主	朱	宋瑛	西宁侯宋晟子	1411	1440	
		常宁公主	朱	沐昕	西平侯沐英子		1441	卒年 22
四任帝仁宗朱高炽 第三代	昭皇后张氏	嘉兴公主	朱	井源		1441		
		庆都公主	朱	焦敬	1428	1440		

		清河公主	朱	李铭	1430	1434		
	贤妃李氏	真定公主	朱	王谊	1430	1450		
		德安公主	朱					早卒，谥悼简
		延平公主	朱					早卒
		德庆公主	朱					早卒
五任帝宣宗朱瞻基 第四代		顺德公主	朱	石璟		1437	1479	
	孝恭皇后孙氏	常德公主	朱	薛桓		1440	1470	
六任帝英宗朱祁镇 第五代	孝肃皇后周氏	重庆公主	朱	周景		1461	1495	卒年54
	惠妃王氏	嘉善公主	朱	王增	兵部尚书王骥孙	1466	1499	
		淳安公主	朱	蔡震		1466		
	安妃杨氏	崇德公主	朱	杨伟	兴济伯杨善孙	1466	1489	
	宸妃万氏	广德公主	朱	樊凯		1472	1484	
	德妃魏氏	宜兴公主	朱	马诚		1473	1514	
	淑妃高氏	隆庆公主	朱	游泰		1473	1479	
	妃刘氏	嘉祥公主	朱	黄镛		1477	1483	
七任帝景帝朱祁钰 第五代		固安公主	朱	王宪		1477	1483	

九任帝宪宗 朱见深 第六代	仁和公主	朱	齐世美		1489	1544	
	永康公主	朱	崔元	京山侯	1493		1549年，崔元卒
	德清公主	朱	林岳		1496	1548	孀居31年
	长泰公主	朱				1487	早卒
	仙游公主	朱				1492	早卒
十任帝孝宗 朱祐樘 第七代	太康公主	朱				1498	早卒
	永福公主	朱	邬景和		1523		
	永淳公主	朱	谢诏				
兴献王 朱祐杬 第七代	长宁公主	朱					早卒
	善化公主	朱					早卒
十二任帝 世宗 朱厚熜 第八代	常安公主	朱				1549	早卒
	思柔公主	朱				1549	卒年12
	宁安公主	朱	李和			1555	
	归善公主	朱				1544	早卒
	嘉善公主	朱	许从诚		1557	1564	
十三任帝 穆宗 朱载垕	蓬莱公主	朱					早卒

第九代		太和公主	朱					早卒
		寿阳公主	朱	侯拱辰				1581
		永宁公主	朱	梁邦瑞				1607
	孝定皇后李氏	瑞安公主	朱	万炜	太傅	1585		与十四任帝朱翊钧同母
		延庆公主	朱	王昺		1587		
十四任帝神宗朱翊钧		荣昌公主	朱	杨春元		1596		1616 年，杨春元卒
第十代		寿宁公主	朱	冉兴让		1599		1643 年，李自成陷京师，冉兴让被杀
		静乐公主	朱					早卒
		云和公主	朱					早卒
		云梦公主	朱					早卒
		灵邱公主	朱					早卒
		仙居公主	朱					早卒
		泰顺公主	朱					早卒
		香山公主	朱					早卒
		天台公主	朱					早卒
十五任帝光宗朱常洛		怀淑公主	朱					卒年 7 岁

第十一代		宁德公主	朱微妍	刘有福				
		遂平公主	朱	齐赞元		1627		
		乐安公主	朱	巩永固				1643年，李自成陷京师，公主方卒，未葬。巩永固缚子女于柩前自焚死
十七任帝 思宗 朱由检	孝节皇后 周氏	坤仪公主	朱					早卒
第十二代		长平公主	朱	周显		1645	1646	1643年，年16，其父以剑砍断其左臂
		昭仁公主	朱				1643	1643年，其父以剑杀之

清(姓:爱新觉罗)

其父	生母	封号	姓名	其夫	其夫职位	婚	卒	备注
显祖塔克世	宣皇后喜塔腊氏			噶哈善哈斯虎		1523		
		和硕公主		扬书		1623		
		和硕公主		额以都				
一任帝太祖努尔哈赤 第一代	元妃佟佳氏	固伦公主（第一女）	东果格格	何和礼		1588	1652	卒年 75
	侧妃伊尔根觉罗	和硕公主（第二女）	嫩哲格格	达尔汉			1646	
	继妃富察	格格（第三女）	莽古济	琐木诺杜棱	蒙古敖汉部长·追封郡王	1629	1635	被杀
	庶妃嘉穆瑚觉罗	（第四女）	穆库什	布占泰		1548		离婚
	庶妃嘉穆瑚觉罗	（第五女）		达启		1548	1553	卒年 17
	庶妃嘉穆瑚觉罗	（第六女）		苏纳		1553	1646	卒年 47
	庶妃伊尔根觉罗	乡君品级（第七女）		鄂札伊	牛录章京	1619	1685	卒年 82
	侧妃叶赫纳喇	和硕公主（第八女）		固尔布什		1625	1646	卒年 35
				吴尔古代				

				图尔格图				离婚
				巴图鲁伊拉喀				巴图鲁伊拉喀弃妻被杀
庄亲王舒尔哈齐 第一代		和硕公主（第四女）		恩格德尔		1617	1649	
二任帝太宗皇太极 第二代	继妃乌喇纳喇氏	固伦公主（第一女）		班第	琐木诺杜棱弟之子·敖汉郡王	1633	1654	卒年34
	孝端文皇后博尔济吉特氏	固伦公主永宁公主温庄公主（第二女）	马喀塔	额哲	察哈尔亲王	1636	1663	卒年39
	孝端文皇后博尔济吉特氏	固伦公主延庆公主靖端公主（第三女）		奇塔特	科尔沁亲王	1639	1686	卒年59
	孝庄文皇后博尔济吉特氏	固伦公主兴平公主雍穆公主（第四女）	雅图	弼尔塔哈尔	卓礼克图亲王	1641	1678	卒年50
	孝庄文皇后博尔济吉特氏	固伦公主和硕公主淑慧公主（第五女）	阿图	色布腾	巴林郡王	1648	1700	卒年69
	侧妃博尔济吉特氏	固伦公主（第六女）		夸札	一等精奇尼哈番	1644	1649	卒年17
	孝庄文皇后博尔济吉特氏	淑哲公主固伦公主（第七女）		铿吉尔格	内大臣鄂齐尔桑子	1645	1648	卒年16

	孝端文皇后博尔济吉特氏	固伦公主 昌乐公主 永安公主（第八女）		巴雅斯护朗	土谢图亲王	1645	1692	卒年59
	侧妃博尔济吉特氏	（第九女）		哈尚		1648	1652	卒年18
	侧妃纳喇氏	县君（第十女）		辉塞		1651	1661	卒年29
	懿靖大贵妃博尔济吉特氏	固伦公主（第十一女）		噶尔玛索诺木	一等精奇尼哈番	1647	1650	卒年15
		乡君品级（第十二女）		班弟	理藩院侍郎	1651	1678	卒年42
	庶妃纳喇氏	（第十三女）				1652	1657	卒年20
	庶妃奇垒氏	和硕公主 建宁公主 恪纯公主（第十四女）		吴应熊	平西王吴三桂子·少傅兼太子太傅	1657	1704	吴应熊与子吴世霖于1675年俱被杀，公主卒年63
克勤郡王岳托 第二代		和硕公主（第一女）		曼珠习礼	科尔沁台吉	1628	1637	卒年23
恪僖贝勒图伦 第二代		和硕公主	肫哲	奥巴	土谢图汗	1626	1648	
三任帝世祖福临 第三代	庶妃陈氏	（第一女）					1653	卒年2岁
	庶妃杨氏	和硕公主 恭懿公主（第二女）	纳尔杜	领侍卫内大臣		1667	1685	卒年33
	庶妃巴氏	（第三女）					1676	卒年6岁
	庶妃乌苏氏	（第四女）					1679	卒年8岁

	庶妃王氏	（第五女）					1678	卒年7岁
	庶妃纳喇氏	（第六女）					1661	卒年8岁
承泽亲王硕塞 第三代		和硕公主（第二女）		尚之隆	平南王尚可喜子	1660	1691	卒年44
简亲王济度 第三代	和硕端敏公主 固伦端敏公主（第二女）		班弟	科尔沁达尔汉亲王		1670	1729	卒年77
安郡王岳乐 第三代	和硕柔嘉公主（第二女）		耿聚忠	靖南王耿继茂子				
四任帝圣祖玄烨 第四代	庶妃张氏	（第一女）					1671	卒年4岁
	端嫔董氏	（第二女）					1673	卒年3岁
	荣妃马佳氏	和硕荣宪公主 图伦荣宪公主（第三女）		乌尔滚	巴林郡王	1691	1728	乌尔滚为第三代淑慧公主阿图之孙。卒年56
	庶妃张氏	（第四女）					1678	卒年5岁
	贵人兆佳氏	和硕端静公主（第五女）		噶尔臧	喀尔沁杜棱郡王	1692	1710	卒年37
	贵人郭络罗氏	和硕公主 和硕恪靖公主 固伦恪靖公主（第六女）		敦多布多尔济	喀尔喀亲王	1697	1735	卒年57

孝恭仁皇后乌雅氏	(第七女)					1682	卒年1岁
孝懿仁皇后佟佳氏	(第八女)					1683	卒年1岁
孝恭仁皇后乌雅氏	和硕温宪公主 固伦温宪公主 (第九女)		舜安颜	佟国维孙	1690	1702	卒年20
通嫔纳喇氏	和硕纯悫公主 固伦纯悫公主 (第十女)		策凌		1706	1710	卒年26
温僖贵妃纽祜禄氏	(第十一女)					1686	卒年2岁
孝恭仁皇后乌雅氏	(第十二女)					1697	卒年12
敬敏皇贵妃章佳氏	和硕温恪公主 (第十三女)		仓津		1706	1709	卒年23
贵人袁氏	和硕悫靖公主 (第十四女)		孙承运	甘肃提督孙思克子·一等阿思哈尼哈番	1706	1736	卒年48
敬敏皇贵妃章佳氏	和硕敦恪公主 (第十五女)		多尔济	科尔沁台吉	1708	1709	卒年19
庶妃王氏	(第十六女)					1707	卒年13
庶妃刘氏	(第十七女)					1700	卒年3岁

	惇怡皇贵妃瓜尔佳氏	（第十八女）					1701	卒年1岁
	襄嫔高氏	（第十九女）					1705	卒年3岁
	庶妃钮祜禄氏	（第二十女）					1708	卒年1岁
恭亲王常宁 第四代		和硕纯禧公主 固伦纯禧公主 （第一女）		班第	科尔沁台吉·内大臣	1690	1741	卒年71
五任帝世宗胤禛 第五代	懋嫔宋氏	（第一女）					1694	卒年1岁
	齐妃李氏	和硕怀恪公主 （第二女）		星德		1712	1717	卒年23
	懋嫔宋氏	（第三女）					1706	卒年1岁
	敦肃皇贵妃年氏	（第四女）					1717	卒年2岁
理亲王胤礽 第五代		和硕淑慎公主 （第六女）		观音保	理藩院额外侍郎	1726	1784	卒年77
怡亲王胤祥 第五代		和硕和惠公主 （第四女）		多尔济塞布腾	喀尔喀亲王丹律多而济子	1729	1731	卒年18
庄亲王胤禄 第五代		和硕端柔公主 （第一女）		齐默特多尔济	科尔沁郡王	1730	1754	卒年41
六任帝高宗弘历	孝贤纯皇后富察氏	（第一女）					1729	卒年2岁

第六代	哲悯皇贵妃富察氏	(第二女)					1731	卒年1岁
	孝贤纯皇后富察氏	固伦和敏公主(第三女)		巴布腾巴尔珠尔	科尔沁亲王·理藩院尚书	1747	1792	卒年62
	纯惠皇贵妃苏氏	和硕和嘉公主(第四女)		福隆安	大学士傅恒子	1760	1767	卒年23
	皇后纳喇氏	(第五女)					1755	卒年3岁
	忻贵妃戴氏	(第六女)					1758	卒年4岁
	孝仪纯皇后魏佳氏	固伦和静公主(第七女)		拉旺多尔济	超勇亲王登凌孙侍卫内大臣	1770	1775	卒年20
	忻贵妃戴氏	(第八女)					1767	卒年11
	孝仪纯皇后魏佳氏	和硕和恪公主(第九女)		札兰泰	协办大学士兆惠子	1772	1780	卒年23
	惇妃汪氏	固伦和孝公主(第十女)		丰绅殷德	大学士和珅子	1789	1823	卒年49
和亲王弘昼 第六代		和硕婉和公主		德勒克	贝子·理藩院额外侍郎	1750	1760	卒年27
七任帝仁宗颙琰	简嫔关佳氏	(第一女)					1783	卒年4岁
第七代	孝淑睿皇后喜塔腊氏	(第二女)					1783	卒年4岁

	和裕皇贵妃刘氏	庄敬和硕公主（第三女）		索特纳木多布济	科尔沁亲王	1801	1811	卒年31
	孝淑睿皇后喜塔腊氏	庄静固伦公主（第四女）		玛尼巴达喇	土默特贝勒	1802	1811	卒年28
	逊嫔沈氏	慧安和硕公主（第五女）					1795	卒年10岁
	华妃侯氏	（第六女）					1790	卒年2岁
	孝和睿皇后钮祜禄氏	（第七女）					1795	卒年3岁
	恭顺皇贵妃钮祜禄氏	（第八女）					1805	卒年1岁
	恭顺皇贵妃钮祜禄氏	慧愍固伦公主（第九女）					1815	卒年5岁
八任帝宣宗绵宁	孝慎成皇后佟佳氏	端悯固伦公主（第一女）					1819	卒年7岁
	祥妃钮祜禄氏	（第二女）					1825	卒年1岁
		端顺固伦公主（第三女）					1835	卒年11岁
第八代		寿安固伦公主（第四女）		德穆楚札克布	奈曼部札萨克郡王	1841	1860	卒年35
	祥妃钮祜禄氏	寿臧和硕公主（第五女）		恩崇	内务府总管	1842	1856	卒年28
	孝静成皇后博尔济吉特氏	寿恩固伦公主（第六女）		景寿		1845	1859	卒年38

	彤贵妃 舒穆噜氏	(第七女)					1844	卒年5岁
	彤贵妃 舒穆噜氏	寿禧和硕 公主 (第八女)		札拉丰阿	都统	1863		
	庄顺 皇贵妃 乌雅氏	寿庄和硕 公主 寿庄固伦 公主 (第九女)		德徽	散秩 大臣	1863	1884	卒年43
	彤贵妃 舒穆噜氏	(第十女)					1845	卒年2岁
九任帝 文宗 奕詝 第九代	庄静 皇贵妃 他他拉氏	荣安固伦 公主		符珍	内大臣	1873	1874	卒年20
恭亲王 奕䜣 第九代		荣寿固伦 公主 (第一女)		志端	一等诚 嘉毅 勇公	1866		

【第七篇·后　表】

一、草莽帝王表

纪元前

姓名	国号	尊号	年号	起讫	有关王朝	建都或根据地	在位时间	备注一	备注二
姬余臣	周	携王		前 771 前 750	(周)幽王十一年	携邑	22 年		为晋文侯姬仇所杀
陈胜	张楚	隐王		前 209.7 前 208.11	(秦)二世元年	陈县	5 月		为其车夫庄贾所杀
襄强	楚	王		前 209.7 前 209.7	(秦)二世元年	东城	1 月		为其将葛婴所杀
田儋	齐	王		前 209.9 前 208.6	(秦)二世元年	狄县	10 月		秦将章邯击斩
武臣	赵	王		前 209.8 前 208.1	(秦)二世元年	邯郸	6 月	陈余为将张耳为相	为其将李良所杀
韩广	燕	王		前 209.9 前 206.7	(秦)二世元年	蓟县	4 年		新燕王臧荼击斩
魏咎	魏	王		前 209.9 前 208.6	(秦)二世元年	临济	10 月	周市为相	兵败自焚死
赵歇	赵	王		前 208.1 前 204.10	(秦)二世二年	信都	3 年 10 月		西汉丞相韩信击擒
景驹	张楚	王		前 208.1 前 208.3	(秦)二世二年	留县	3 月		兵败于西楚走死
芈心	楚	义帝		前 208.6 前 205.10	(秦)二世二年	盱眙 彭城	2 年 4 月		西楚一任王项羽命九江王英布杀之江中
韩成	韩	王		前 208.6 前 206.7	(秦)二世二年	颍川	2 年 2 月		为西楚一任王项羽所杀
田假	齐	王		前 208.6 前 208.8	(秦)二世二年	狄县	3 月	田勇为相田间为将	为田儋弟田荣所逐
田市	齐	王		前 208.8 前 206.6	(秦)二世二年	临淄	1 年 11 月	田儋子	为其相田荣所杀

魏豹	魏	王		前208.8 前205.9	（秦） 二世二年	平阳	3年 2月	柏直为相	西汉丞相韩信击擒后斩于成皋
田荣	齐	王		前206.6 前205.1	（西楚） 霸王 元年	临淄	8月		兵败，为平原民所杀
田广	齐	王		前205.4 前203.11	（西楚） 霸王 二年	临淄	1年 8月	田横为相	西汉丞相韩信击斩
田横	齐	王		前203.11 前202.5	（西楚） 霸王 四年	博阳	1年 7月		为西汉将灌婴所败奔海岛后自杀
陈豨	代	王		前197.9 前196.10	（西汉） 高祖 十年	邯郸	1年		西汉将樊哙击斩
英布		淮南王		前196.7 前195.10	（西汉） 高祖 十一年	九江	4月		西汉一任帝刘邦击斩
赵佗	南越	武帝		前183.1 前179.4	（西汉） 少帝 五年	番禺	4年 4月		自去帝号

一世纪

刘信	汉	帝		7.9 7.12	（西汉） 居摄 二年	东郡	4月	翟义任大司马	为西汉轻车将军孙建所败，失踪
秦丰		楚黎王		21.3 29.6	（新） 地皇二年	黎丘	8年 4月		为东汉建义大将军朱祐所擒，斩于洛阳
隗嚣		朔宁王	汉复	23.7 33.1	（玄汉） 更始 元年	天水	9年 7月		病卒，子隗纯嗣

刘望	汉	帝		23.8 23.10	(新) 地皇 四年	汝南	3月	西汉 钟武侯	玄汉奋威大将军刘信击斩
李宪		帝		23.10 30.1	(玄汉) 更始 元年	舒县	6年 4月	初称 淮南王	东汉扬武将军马成击斩
王郎	汉	帝		23.1 224.5	(玄汉) 更始 元年	邯郸	6月		玄汉大司马刘秀击斩
田戎		周成王		24.6 29.3	(玄汉) 更始 二年	夷陵	4年 10月		降成家后为东汉所杀
刘婴	汉	帝		25.1 25.1	(玄汉) 更始 三年	临泾	1月	西汉十五任帝孺子	玄汉丞相李松击斩
刘盆子	汉	帝	建始	25.6 27.1	(玄汉) 更始 三年	长安	1年 8月	西汉式侯刘萌之子	降东汉任赵国郎中
刘永	汉	帝		25.11 27.7	(东汉) 建武 元年	睢阳	1年 9月	西汉梁王刘立之子	为其将庆吾所杀
延岑		武安王		26.2 28.2	(东汉) 建武 二年	蓝田	2年 1月		降成家后为东汉所杀
彭宠	燕	王		26.2 29.2	(东汉) 建武 二年	渔阳	3年 1月		为其奴所杀
孙登		帝		26.11 26.11	(东汉) 建武 二年	上郡	1月		为其将乐玄所杀
董宪		海西王		27.2 30.1	(东汉) 建武 三年	郯县	3年		东汉大司马吴汉击斩
张步	齐	王		27.2 29.10	(东汉) 建武 三年	剧县	3年 9月		降东汉后被杀

刘纡	梁	王		27.7 29.8	(东汉) 建武 三年	垂惠	2 年 2 月	刘永 之子	为其下高 扈所杀
庞萌		东平 王		29.2 30.1	(东汉) 建武 五年	桃乡	1 年		东汉大司 马吴汉击 斩
卢芳 (刘文 伯)	汉	帝		30.12 37.2	(东汉) 建武 五年	九原	7 年 3 月		逃入匈奴
隗纯		朔宁 王		33.11 34.10	(东汉) 建武 九年	天水	1 年 10 月	隗嚣 之子	降东汉后 被杀
任贵		邛谷 王		43 43	(东汉) 建武 十九年	邛都	数月		东汉武威 将军刘尚 击斩

二世纪

滇零		帝		108.11 112.6	(东汉) 永初 二年	北地	3 年 8 月		病卒,子 零昌嗣
零昌		帝		112.6 117.9	(东汉) 永初 六年	北地	5 年 4 月		东汉护羌 校尉任尚 募人刺死
马勉		帝		144.11 145.3	(东汉) 建康 元年	当涂山	5 月		东汉九江 都尉滕抚 击斩
华孟		黑帝		145.11 145.11	(东汉) 永嘉 元年	历阳	1 月		东汉九江 都尉滕抚 击斩
李坚		帝		147.11 147.11	(东汉) 建和 元年	陈留	1 月		兵败被杀
陈景		帝		148.10 148.10	(东汉) 建和 二年	长平	1 月		兵败被杀
裴优		帝		150.2 150.2	(东汉) 和平 元年	扶风	1 月		兵败被杀

李伯		太初皇帝		154.9 154.9	(东汉)永兴二年	蜀郡	1月		兵败被杀
盖登		太上皇帝		165.10 165.10	(东汉)延熹八年	勃海	1月		兵败被杀
戴异		太上皇		166.1 166.1	(东汉)延熹九年	沛国	1月		兵败被杀
许生		阳明皇帝		172.11 174.11	(东汉)熹平元年	句章	3年1月		东汉扬州刺史臧旻击斩
宋建	河首	平汉王		184 214	(东汉)光河七年	枹罕	31年		东汉护军将军夏侯渊击斩
张举		帝		187.5 189.3	(东汉)中平四年	渔阳	1年11月	东汉泰山太守	逃入匈奴门客王政暗杀
马相		帝		188.6 188.6	(东汉)中平五年	绵竹	1月		东汉益州从事贾龙击走
阙宣		帝		193.6 193.6	(东汉)初平四年	下邳	1月		东汉徐州牧陶谦斩
袁术	仲家	帝		197.1 199.6	(东汉)建安二年	寿春	2年6月		兵败呕血死

三世纪

公孙渊	燕	王	绍汉	237.7 238.8	(曹魏)景初元年	襄平	1年2月	曹魏辽东太守	曹魏大将军司马懿击斩
齐万年		帝		296.8 299.1	(晋)元康六年	马兰山	2年6月	氐帅	晋左积弩将军孟观击斩

四世纪

赵廞			太平	300.11 301.1	(晋) 永康 元年	成都	3 月	晋益州 刺史	兵败于成汉,为其部下所杀
刘尼	汉	帝	神凤	303.5 303.7	(晋) 太安 二年	江夏	3 月	张昌任 相国	晋荊州刺史刘弘击斩
刘芒荡	汉	帝		309.7 309.9	(晋) 永嘉 三年	马兰山	3 月	郝索为辅	晋南阳王司马模击斩
虚除 权渠	秦	王		316 320	(汉赵) 麟嘉 元年	陇右	4 年		降汉赵
司马保	晋	王	建康	319.4 320.5	(晋) 太兴二年	祁山	1 年 2 月		为其将张春所杀
句渠知	秦	帝	平赵	320.6 320.7	(汉赵) 光初 三年	阴密	2 月		汉赵车骑将军游弥远击斩
侯子光 (李子 扬)		大皇 帝	龙兴	337.7 337.8	(后赵) 建武 三年	杜南山	2 月		后赵镇西将军石广击斩
范贲		帝		347.7 349.4	(晋) 永和 三年	成都	1 年 10 月		晋益州刺史周抚击斩
黄韬		孝神 皇帝		348.12 348.12	(晋) 永和 四年	豫章	1 月		晋临川太守庾条击斩
段龛	齐	王		350.7 356.11	(冉魏) 永兴 元年	广固	6 年 5 月		前燕太原王慕容恪击斩
刘显		帝		351.7 352.1	(冉魏) 永兴 二年	襄国	7 月		冉魏一任帝冉闵击斩
张琚	秦	王	建昌	352.1 352.5	(前秦) 皇始 二年	宜秋	5 月		前秦一任帝苻健击斩

段勤	赵	帝		352.3 352.4	(冉魏) 永兴 三年	绎幕	2月	后赵 立义将军	降前燕
王午		安国 王		352.7 352.10	(前燕) 燕王 四年	鲁口	4月		为其将秦兴所杀
苏林		帝		352.10 352.11	(前燕) 燕王 四年	无极	2月		前燕广威将军慕舆根击斩
吕护		安国 王		352.10 354.3	(前燕) 燕王 四年	鲁口	1年 6月		降前燕
刘康	晋	帝		353.3 353.4	(前秦) 皇始 元年	平阳	2月		前秦左卫将军苻飞击斩
司马勋		成都 王		365.10 366.5	(晋) 宁兴 三年	梁州	8月	晋梁州 刺史	晋江夏相朱序击斩
李弘	汉	圣王	凤凰	370.8 370.9	(晋) 太和 五年	广汉	2月		晋梓潼太守周虓击斩
张育	蜀	王	黑龙	374.5 374.9	(前秦) 建元 十年	绵竹	5月		前秦镇军将军邓羌击斩
张大豫	凉	王	凤凰	386.2 387.8	(前秦) 太安 二年	昌松	1年 7月	前凉 五任王 张天锡 之子	兵败于后凉为民所执斩于姑臧
康宁	匈奴	王		387.12 387.12	(后凉) 太安 二年	西平	1月	后凉 西平太守	后凉一任王吕光击斩
翟辽	魏	天王	建光	388.2 391.10	(后燕) 建兴 三年	黎阳	3年 9月		病卒，子翟钊嗣

刘黎		帝		389.1 389.1	（晋） 太元 十四年	皇丘	1月		晋龙骧将军刘牢之击斩
魏揭飞		冲天王		389.4 389.4	（前秦） 太初 四年	杏城郊	1月		前秦镇东将军后秦一任帝姚苌击斩
法长		帝		390.9 390.9	（后燕） 建兴 五年	白狼城	1月		后燕安昌侯慕容进击斩
翟钊	魏	天王	定鼎	391.10 392.6	（后燕） 建兴 六年	滑台	9月	翟辽之子	兵败于后燕，奔西燕后被杀
窦冲	秦	王	元光	393.6 393.7	（前秦） 太初 八年	野人堡	3月	前秦右丞相	兵败于前秦，降后秦
慕容详	燕	帝	建始	397.5 397.7	（后燕） 永康 二年	中山	3月	后燕开封公	后燕赵王慕容麟击斩
慕容麟	燕	帝	延平	397.7 397.10	（后燕） 永康 二年	中山	4月	后燕赵王	兵败于北魏，奔南燕，被杀
兰汗	昌黎	王	青龙	398.4 398.7	（后燕） 永康 三年	龙城	4月		后燕长乐王慕容盛击斩
苻广	秦	王		399.3 399.3	（南燕） 建平 二年	乞活堡	1月	前秦五任帝苻登之弟	南燕一任帝慕容德击斩

五世纪

张翘		无上王		402.2 402.4	（北魏） 天兴 五年	行唐	3月		北魏常山太守楼伏连击斩

王始		太平皇帝	太平	403.4 403.4	(南燕) 建平 四年	泰山	1月		南燕桂林王慕容镇擒斩
桓玄	楚	武焯皇帝	建始·永始	403.12 404.5	(晋) 大亨 二年	建康	6月		晋益州都护冯迁击斩
司马顺宰	晋	王		414.12 414.12	(北魏) 神瑞 元年	河内	1月		事败逃亡
白亚栗斯		帝	建平	415.3 416.8	(北魏) 神瑞 二年	上党	1年 6月	司马顺宰为相	被废,其众更立刘虎
刘虎		率善王		416.8 416.9	(北魏) 泰常 元年	上党	2月		北魏中领军叔孙建击斩
姚懿	秦	帝		416.12 416.12	(后秦) 永和 元年	蒲阪	1月		后秦东平公姚绍擒斩
李禹		无上王		429.2 429.2	(北魏) 神· 二年	上党	1月		茄北魏河内守将击斩
程道养	蜀	王	泰始	432.9 437.4	(南宋) 元嘉 九年	广汉	4年 8月	赵广为将军	为其将王道恩所杀
杨难当	秦	王	建义	436.3 436.9	(北魏) 太延 二年	上邽	7月		降北魏
盖吴		天台王		445.9 446.8	(北魏) 太平 真君 六年	杏城	1年		为其部下所杀
司马顺则	齐	王		451.5 451.8	(南宋) 元嘉 二十八年	梁邹城	4月	沙门	南宋振武将军刘武之击斩

司马百年		安定王		451.5 451.8	（南宋）元嘉二十八年		4月	沙门	南宋振武将军刘武之击斩
刘义宣	宋	帝	建平	454.1 454.6	（南宋）孝建元年	江陵	6月	南宋南郡王	南宋荊州刺史史修之擒斩
刘浑	楚	王	永光	455.7 455.7	（南宋）孝建二年	雍州	1月	南宋武昌王	事败自杀，年17
高阇		帝		458.7 458.7	（南宋）大明二年	南彭城	1月	沙门县标为辅	事败被杀
刘子勋	宋	帝	义嘉	466.1 466.8	（南宋）泰始二年	江州	8月	南宋晋安王	南宋寻阳太守沈攸之击斩，年11
司马休符	晋	王		468.2 468.2	（北魏）皇兴二年	徐州	1月		北魏将军尉元击斩
·田流		东海王		469.12 470.12	（南宋）泰始五年	临海	1年1月		南宋龙骧将军周山图击斩
封辩	齐	王		471.9 471.9	（北魏）延兴元年	高阳	1月		北魏徐州兵击斩
司马小君		圣君		471.11 471.11	（北魏）延兴元年	平陵	1月		北魏齐州刺史拓跋平原击斩
刘举		帝		473 473	（北魏）延兴三年	齐州	数月		北魏齐州刺史拓跋平原击斩
贾伯奴		恒农王		475.9 475.9	（北魏）延兴五年	洛州	1月		兵败被杀

田智度		上洛王		475.9 475.9	(北魏)延兴五年	豫州	1月		兵败被擒斩于平城
宋伏龙		南平王		476.5 476.5	(北魏)承明元年	武邑	1月		兵败被杀
王元寿		冲天王		477.1 477.2	(北魏)太和元年	略阳	2月		北魏秦益二州刺史尉洛侯击斩
唐寓之		帝	兴平	486.1 486.1	(南齐)永明四年	钱唐	1月	高道度为将南	齐禁兵击斩
王伯恭	齐	王		489.1 489.1	(北魏)太和十三年	劳山	1月		北魏东莱镇将孔伯孙击斩
司马惠御		圣王		490.5 490.5	(北魏)太和十四年	平原	1月		事败被杀
王金钩		应王		497.2 497.2	(北魏)太和二十一年	定州	1月		事败被杀
王惠定		明法皇帝		499.11 499.11	(北魏)太和二十三年	幽州	1月		北魏幽州刺史李肃击斩

六世纪

雍道晞		王	建义	500.2 500.3	（南齐） 永元 二年	巴西	2月		南齐中兵参军李奉伯击斩
杨绍先		帝		505.10 506.1	（北魏） 正始 二年	武兴	4月		氐王北魏建武将军傅竖眼击擒
陈瞻		王	圣明	506.1 506.7	（北魏） 正始 三年	泾州	7月		北魏太仆卿杨椿击斩
吕苟儿		帝	建明	506.1 506.7	（北魏） 正始 三年	孤山	7月	北魏 秦州 主簿	降于北魏
元愉	魏	帝	建平	508.8 508.9	（北魏） 永平 元年	信都	2月	北魏 京兆王	为北魏尚书令高肇所杀
释法庆			大乘	515.6 517.1	（北魏） 延昌 四年	阜城	1年 8月	沙门	北魏瀛州刺史宇文福击斩
郃铁匆		水池王		518.7 518.8	（北魏） 神龟 元年	河州	2月		北魏行台源子恭击斩
破六韩拔陵			真王	523.3	（北魏） 正光 四年	沃野			
胡琛		高平王		524.4 526.10	（北魏） 正光 五年	高平	2年 7月	万俟丑奴为将	破六韩拔陵遣使诱杀

莫折大提	秦	王		524.6 524.6	(北魏)正光五年	秦州	1月		病卒,子莫折念生嗣
莫折念生	秦	王	天建	524.6 527.9	(北魏)正光五年	秦州	3年4月		兵溃为秦州民杜粲所杀
就德兴	燕	王		524.10 528.11	(北魏)正光五年	营州	4年2月		降于北魏
元法僧	宋	帝	天启	525.1 525.3	(北魏)孝昌元年	徐州	3月		降于南梁
杜洛周			真王	525.8 528.2	(北魏)孝昌元年	上谷	2年7月	高欢为将	齐帝葛荣击斩
刘蠡升		帝	神嘉	525.12 535.3	(北魏)孝昌元年	云阳谷	9年4月		为其北部王所杀
鲜于修礼			鲁兴	526.1 526.8	(北魏)孝昌二年	左城	8月		为其将元洪业所杀
陈双炽		始建王		526.6 526.6	(北魏)孝昌二年	绛县	1月	蜀人移居绛郡	北魏镇西将军孙稚击斩
葛荣	齐	帝	广安	526.9 528.9	(北魏)孝昌二年	定州	2年1月		北魏北道大行台尔朱荣击斩
刘获			天授	527.7 527.7	(北魏)孝昌三年	西华	1月		北魏东豫州刺史曹世表击斩
萧宝寅	齐	帝	隆绪	527.10 528.1	(北魏)孝昌三年	长安	4月		兵败,奔万俟丑奴。后为北魏擒送洛阳,人民聚观三日,命其自杀

邢杲	汉	王	天统	528.6 529.4	（北魏） 建义 元年	北海	11 月		北魏上党王元天穆擒斩
万俟丑奴		帝	神兽	528.7 530.4	（北魏） 建义 元年	高平	1 年 10 月	萧宝寅任太傅	北魏直阁侯莫陈崇擒送洛阳，人民聚观三日，斩之
元颢	魏	帝	孝基 528 建武 529	528.10 529.6	（北魏） 永安 元年	洛阳	9 月	北魏北海王	兵溃，为临颍县卒江丰所杀
王庆祖		王		529.2 529.2	（北魏） 建义 二年	上党	1 月		北魏大将军尔朱荣击斩
王庆云		帝		530.6 530.7	（北魏） 永安 三年	水洛城	2 月	万俟道洛任大将军	北魏抚军将军尔朱天光擒斩
元悦	魏	王	更兴	530.6 530.12	（南梁） 中大通 二年		5 月	北魏汝南王	知事不成，退返南梁
刘灵助	燕	王		531.2 531.3	（北魏） 普泰 元年	安国城	2 月		北魏骠骑大将军叱利延庆击斩
鲜于琛			上愿	535 535	（南梁） 大同 元年	鄱阳	数月		南梁鄱阳内史陆襄击斩
王迢触		帝	平都	536.9 536.9	（北魏） 天平 三年	汾州	1 月	曹贰龙为辅	东魏丞相高欢击斩

公孙贵宾		天王		541.3 541.3	(北魏)兴和元年	梁州	1月		北魏阳夏镇将击擒
刘敬躬		帝	永汉	542.1 542.3	(南梁)大同八年	安成	3月		南梁江州司马王僧辩击擒斩于建康
李贲	越	帝	大德	544.1 546.1	(南梁)大同十年	交州	1年 1月		为南梁交州刺史杨瞟击败,逃亡
萧正德	梁	帝		548.11 549.3	(南梁)太清二年	建康	5月	南梁临贺王	为侯景所卖逐下宝座
侯景	汉	帝	太始	551.11 552.4	(南梁)大宝二年	建康	6月	王伟为相	为其将羊鹍以稍刺杀
萧纪	梁	帝	天正	552.4 553.7	(南梁)大宝三年	成都	1年 4月	南梁武陵王	南梁湘东王萧绎击斩
李山花		帝		555.4 555.5	(北齐)天保六年	鲁山	2月		北齐将李仲佳击斩
萧庄	梁	帝	天启	558.2 560.2	(陈)永定二年	郢州	2年 1月	南梁永嘉王	兵败,奔北齐
刘没铎		圣武皇帝	石平	576.12 577.11	(北周)建德五年	云阳谷	1年	刘蠡升之孙	北周赵王宇文招击斩
高延宗	齐	帝	德昌	576.12 576.12	(北齐)隆化元年	晋阳	1月	北齐安德王	北周三任帝宇文邕擒斩
高绍义	齐	帝	武平	577.12 580.6	(北周)建德六年	突厥	2年 7月	北齐范阳王	突厥执送北周,流死于蜀

七世纪

格谦	燕	王		613.3 616.12	（隋） 大业 九年	豆子坑	3 年 10 月	高开道 为将	隋江都郡丞王世充击斩
孙雅宣	齐王			613.3	（隋） 大业 九年				
刘元进		帝		613.10 613.12	（隋） 大业 九年	吴郡	3 月	朱燮任 尚书仆射	隋江都丞王世充击斩
向海明		帝	白乌	613.12 613.12	（隋） 大业 九年	扶风	1 月		隋太仆卿杨义臣击斩
李弘芝		帝		614.2 617.12	（隋） 大业 十年	汧源	3 年 11 月		为其将唐弼所杀
刘迦论		皇王	大世	614.5 614.6	（隋） 大业 十年	上郡	2 月		隋左骁卫大将军屈突通击斩
刘苗王		帝		614.11	（隋） 大业 十年	离石			隋虎贲郎将梁德击斩
卢月明		无上 王帝		614.12 617.1	（隋） 大业 十年	祝阿	2 年 2 月		隋江都丞王世充击斩
王须拔	燕	漫天 王		615.2 618.11	（隋） 大业 十一年	深泽	3 年 10 月		攻幽州中流矢死。其将魏刀儿代领其众
朱粲	楚	帝	昌达 618	615.11 619.2	（隋） 大业 十一年	冠军	3 年 4 月	初称 迦楼罗王	降唐，再降王世充，后为唐所杀

操师乞		元兴王	始兴	616.10 616.11	(隋) 大业 十二年	豫章	2月	林士弘任大将军	中隋军流矢卒,林士弘代领其众
林士弘	楚	帝	太平	616.12 622.10	(隋) 大业 十二年	豫章	5年 11月		病故,众散
窦建德	夏	王	丁丑 617 五凤 618	617.1 621.5	(隋) 大业 十三年	乐寿	4年 5月		唐秦王李世民击擒斩于长安
李密	魏	公	永平	617.2 618.9	(隋) 大业 十三年	洛口	1年 8月	翟让任上柱国	降唐后被杀
刘武周	定扬	帝	天兴	617.3 620.4	(隋) 大业 十三年	马邑	3年 2月	突厥封定扬天子	兵败于唐,奔突厥后被杀
郭子和		永乐王	正平	617.3 618.7	(隋) 大业 十三年	榆林	1年 5月	突厥封平扬天子	降唐
梁师都	梁	帝	永隆	617.3 628.4	(隋) 大业 十三年	朔方	11年 2月	突厥封解事天子	为其侄梁洛仁所杀
薛举	秦	武帝	秦兴	617.4 618.8	(隋) 大业 十三年	天水	1年 5月		病卒,子薛仁果嗣

萧铣	梁	帝	鸣凤	617.10 621.10	（隋） 大业 十三年	江陵	4年 1月		降唐，斩于长安
曹武彻			通圣	617.12	（隋） 义宁 元年	桂阳			
薛仁果	秦	帝		618.8 618.11	（唐） 武德 元年	金城	4月	薛举之子	唐秦王李世民击斩
宇文化及	许	帝	天寿	618.9 619.2	（唐） 皇泰 元年	魏县	6月		夏王窦建德擒斩
高昙成	乘	帝	法轮	618.10 618.12	（唐） 武德 元年	怀戎	3月		为降将高开道所杀
李轨	凉	帝	安乐	618.11 619.5	（唐） 武德 元年	武威	7月		为其左右卫大将军安兴贵所执降唐，斩于长安
魏刀儿	魏	帝		618.11 618.11	（唐） 武德 元年	深泽	1月		夏王窦建德击斩
高开道	燕	王	始兴	618.12 624.2	（唐） 武德 元年	渔阳	5年 3月		为其将张金树所杀
王世充	郑	帝	开明	619.4 621.5	（唐） 皇泰 二年	洛阳	2年 2月	苏威任太师	兵败降唐，为唐益州刺史独孤修德所杀

刘季真		帝		619.5 620.3	(唐) 武德 二年	离石	11月	亦称突利可汗	为定杨将高满政所杀
沈法兴	梁	王	延康	619.9 620.12	(唐) 武德 二年	毗陵	1年 6月		兵败于吴帝李子通，投河死
李子通	吴	帝	明政	619.9 621.11	(唐) 武德 二年	江都	2年 3月		降唐后被杀
吕崇茂	魏	王		619.10 620.5	(唐) 武德 二年	夏县	8月		定扬将尉迟恭击斩
杨政道	隋	王		620.2 630.1	(唐) 武德 三年	定襄	10年	隋齐王杨暕遗腹子	与祖母萧后降唐
徐圆朗	鲁	王		621.8 623.2	(唐) 武德 四年	兖州	1年 7月		兵败，为村民所杀
刘黑闼		汉东王	天造	622.1 623.1	(唐) 武德 五年	洺州	1年 1月	范愿任左仆射	为其饶州刺史诸葛德威所执降唐，被杀
王摩沙		元帅	进通	623.1	(唐) 武德 六年	巂州			
辅公祏	宋	帝	天明 623 乾德 624	623.8 624.3	(唐) 武德 六年	丹阳	8月	左游仙任兵部尚书	唐赵郡王李孝恭击斩

陈硕真		文佳皇帝		653.10 653.11	（唐）永徽四年	睦州	2 月	（女）	唐扬州刺史房仁裕击斩
白铁余		光明圣皇帝		683.4 683.4	（唐）永淳二年	城平	1 月		唐右武卫将军程务挺击斩

八世纪

李重福	唐	帝	中元克复	710.7 710.8	（唐）景云元年	均州	2 月	唐谯王	兵败，投水死
安禄山	燕	帝	圣武	756.1 757.1	（唐）天宝十五年	洛阳	1 年 1 月	达奚珣任侍中	为其子安庆绪所杀
安庆绪	燕	帝	载初	757.1 759.2	（唐）至德二年	邺郡	2 年 2 月		为其将史思明所杀
史思明	燕	帝	顺天 759 应天 761	759.4 761.3	（唐）干元二年	范阳	2 年	周挚为相	为其子史朝义所杀
康楚元	南楚	霸王		759.8 759.11	（唐）干元二年	襄州	4 月		唐商州刺史韦伦擒斩
史朝义	燕	帝	显圣	761.3 763.1	（唐）上元二年	洛阳	1 年 11 月		兵败，自缢死
段子璋	梁	王	黄龙	761.4 761.5	（唐）上元二年	绵州	2 月	唐梓州刺史	唐西川节度使崔光远击斩
袁晁			宝胜	762.8 763.4	（唐）宝应元年	台州	9 月		唐将张伯仪击斩
李承宏	唐	帝		763.10 763.11	（唐）广德元年	长安	1 月	唐广武王	吐蕃所立，兵退，去位

朱滔	冀	王		782.11 785.6	(唐) 建中 三年	幽州	2年 8月		病卒
王武俊	赵	王		782.11 784.2	(唐) 建中 三年	恒州	1年 4月		自去王号
李纳	齐	王		782.11 784.2	(唐) 建中 三年	郓州	1年 4月		自去王号
朱泚	秦 783 汉 784	帝	应天 783 天皇 784	783.10 784.6	(唐) 建中 四年	长安	9月	唐太尉	为其将梁廷芬射死
李希烈	楚	帝	武成	784.1 786.4	(唐) 兴元 元年	大梁	2年 4月	孙广任中书令	为其将陈仙奇毒死

九世纪

裘甫	天平		罗平	860.2 860.6	(唐) 咸通 元年	象山	5月		为唐浙东观察使王式所擒斩于长安
黄巢	齐	承天应运启圣睿文宣武皇帝	王霸 878 金统 880	878.2 884.6	(唐) 乾符 五年	长安	6年 5月		兵败命其甥林言杀已
秦宗权		帝	龙纪	885.3 888.12	(唐) 光启 元年	蔡州	3年 10月		为其将申丛执降唐,斩于长安
李煴	唐	帝	建贞	886.10 886.12	(唐) 光启 二年	长安	3月	唐襄王	唐护国节度使王重荣诱斩

董昌	罗平	帝	顺天	895.2 896.5	(唐) 乾宁 二年	越州	1年 4月	李邈 为相	唐浙东招讨使钱镠擒斩

十世纪

张遇贤	中天 八国	王	永乐	942.7 943.10	(南汉) 光天 元年	博罗	1年 4月		为其将李台执降南唐,斩于金陵
朱文进	闽	帝		944.3 944.8	(后晋) 开运 二年	福州	6月		改称威武,留后权知闽国事,降后晋
朱乙	梁	帝		947.4 947.4	(后汉) 天福 十二年	嵩山	1月	后梁嗣 密王	为其将张遇所杀
李从益	梁	王		947.5 947.5	(后汉) 天福 十二年	大梁	1月	后唐 许王	为后汉一任帝刘知远所杀
李守贞	秦	王		948.3 949.7	(后汉) 乾祐 元年	河中	1年 5月		兵败,举家自焚死
全师雄	兴蜀	大王		965.3 966.12	(宋) 乾德 三年	彭州	1年 10月		病卒
李顺	蜀	王	应运	994.1 994.4	(宋) 淳化 五年	成都	4月		宋招安使王继恩击斩

十一世纪

王均	蜀	帝	化顺	1000.1 1000.10	(宋) 咸平 三年	成都	10月	益州都 虞侯	兵败,自缢死
卢成均	南平	王		1007.7 1007.9	(宋) 景德 四年	宜州	3月		宋忠州刺史曹利用击斩

大延琳	兴辽	帝	天庆	1029.8 1030.8	(辽) 太平 九年	辽阳	1年 1月	东京 详稳	辽燕王萧孝穆击斩
蒙赶		帝		1044.2 1045.3	(宋) 庆历 四年	环州	1年 2月	区希范任神武定国令公	宋广西转运使诱杀
王则	安阳	王	得圣	1047.11 1048.1	(宋) 庆历 七年	贝州	3月	张峦任宰相	宋河北宣抚使文彦博击擒磔于大梁
侬智高	南	仁惠 皇帝	景瑞 1049 启历 1052	1049.9 1053.1	(宋) 皇祐 元年	邕州	3年 5月		为宋枢密副使狄青击败，奔大理国

十二世纪

赵谂			龙兴	1103	(宋) 崇宁 二年				
高永昌	元	帝	隆基	1116.1 1116.5	(辽) 天庆 六年	辽阳	5月		金南路都统完颜斡鲁击斩
方腊		圣公	永乐	1120.11 1121.3	(宋) 宣和 二年	清溪	5月	方肥 为相	宋江淮宣抚使童贯击斩
耶律淳	辽	宣宗 孝章 皇帝	建福	1122.3 1122.6	(辽) 保大 二年	燕京	4月	辽秦晋 国王	病卒，妻萧后立秦王耶律定
耶律定	辽	帝	德兴	1122.6 1122.12	(辽) 保大 二年	燕京	7月	萧后为 皇太后	降金

回离保	奚	帝	天复	1123.1 1123.5	（辽） 保大 三年	箭笴山	5月	设奚、汉、勃海三枢密院	为其将耶律与古哲所杀降金
萧干	奚	神圣皇帝	天嗣	1123.2 1123.8	（辽） 保大 三年	峰山	7月		为其将巴尔达喀所杀
耶律雅里	辽	帝	神历	1123.5 1123.10	（辽） 保大 三年		6月	辽梁王	病卒，众散
耶律述烈	辽	帝		1123.10 1123.11	（辽） 保大 三年		2月	辽七任帝耶律宗真之孙	兵变被杀
张邦昌	楚	帝		1127.3 1127.4	（宋） 靖康 二年	汴京	33日		自行退位，后为宋所杀
史斌		帝		1127.7 1128.11	（宋） 建炎 元年	兴州	1年 5月		宋泾原兵马都监吴玠击斩
钟相	楚	王	天载	1130.2 1130.3	（宋） 建炎 四年	鼎州	2月		宋湖北捉杀，使孔彦舟击斩
杨太		大圣天王		1130.4 1135.6	（宋） 绍兴 三年	洞庭湖	4年 3月	立钟相子钟义为太子	宋荊湖制置使岳飞击斩
鄂罗	蒙古		天兴	1147	（金） 皇统 七年				
移剌窝干	契丹	帝	天正	1161.12 1162.9	（金） 大定 元年	奚地	10月		其将执之降金，磔死
李接			罗平	1179.6 1179.6	（宋） 淳熙 六年	郁林	1月		宋经略司击斩

耶律德寿	契丹	帝	身圣	1196.10 1196.10	(金) 承安 元年	信州	1月		金临潢总管乌古论道远击斩

十三世纪

吴曦	蜀	王	转运	1207.1 1207.2	(宋) 开禧 三年	成都	2月		为卫士李贵袭斩
耶律留哥	辽	王	元统	1213.3 1215.11	(金) 崇庆 二年	咸平	2年 9月		降蒙古
杨安儿		帝	天顺	1214.5 1214.12	(金) 贞祐 二年	登州	8月	李全为将	兵败,堕水死
郝定			顺天	1215 1215	(金) 贞祐 三年		数月		
富察万努	真 东夏	天王 帝	天泰	1215.1 1233.9	(金) 贞祐 三年	开元	19年	金宣抚使	蒙古皇子贵由击擒
张致	瀛 	王 汉兴皇帝	兴隆	1215.12 1216.6	(蒙古) 太祖 十年	锦州	7月		降金,后为蒙古击斩
耶律斯布	辽	帝	天威	1215.11 1216.1	(金) 贞祐 三年	澄州	70日	锡尔为元帅	为其下所杀
耶律金山	辽	王	天德	1216 1217	(金) 贞祐 四年	东州(朝鲜境)			为其将统古所杀
耶律喊舍	辽	收国王		1217 1218	(蒙古) 太祖十二年	江东城(朝鲜境)			城为蒙古高丽联军攻陷,自杀

完颜从恪	梁	王		1233.1 1233.4	（金） 天兴 二年	汴京	4 月	监国	其都元帅崔立执之降蒙古，被杀
阿里不哥	蒙古	帝		1260.4 1264.7	（蒙古） 中统 元年	和林	4 年 4 月	蒙古 七任帝 忽必烈弟	兵败，降忽必烈
杜可用		帝	万乘	1280.3 1280.3	（元） 至元 十七年	南康	1 月		元参知政事史弼击斩
陈吊眼			昌泰	1281.8 1281.10	（元） 至元 十八年	漳州	3 月		元将高兴擒斩
林桂芳	罗平	帝	延康	1283.3 1283.3	（元） 至元 二十年	新会	1 月	赵良钤为相	兵败，被杀
黄华			祥兴	1283.10 1283.10	（元） 至元 二十年	崇安	1 月	称祥兴五年	为元征东行省左丞刘国杰击败，自焚死
杨镇龙	兴	帝	安定	1289.2 1289.10	（元） 至元 二十六年	玉山	9 月	楼蒙才任左丞相	元浙东宣慰使史弼击斩
陈空崖			正治	1297.10 1297.10	（元） 大德 元年	温州	1 月		事败被杀

十四世纪

蔡五九		王		1315.4 1315.9	（元） 延祐 二年	汀州	6 月		元江浙行省平章章律击斩
朱光卿	金	帝	赤符	1337.1 1337.7	（元） 至元 三年	增城	7 月		元江西行省左丞锡谛击斩

胡闰儿		王		1337.2 1338.4	(元) 至元 三年	信阳	1年 3月	棒胡	元河南行省左丞庆图击斩
韩法师	赵	王		1337.3	(元) 至元 三年	大足			
周子旺	周	王		1338.6 1338.6	(元) 至元 四年	袁州	1月		兵败被杀
蒋丙		顺天王		1341.4	(元) 至正 元年	江华			
张士诚	周	王	天祐	1353.5 1357.8	(元) 至正 十三年	高邮	4年 4月		降元后,为韩宋将朱元璋击斩
彭早住		鲁淮王		1353	(元) 至正 十三年	泗州			
赵君用		永义王		1353	(元) 至正 十三年				
赵普胜			正朔	1355.5 1356.12	(元) 至正 十五年	巢湖	8月		降于天完
徐真一			天定	1359	(元) 至正 十九年				

十五世纪

叶宗留		王		1444.7 1448.11	(明) 正统 九年	庆元	4年 5月	陈鑑湖为将	明指挥戴礼击斩
邓茂七	闽	王		1448.4 1449.2	(明) 正统 十三年	沙县	11月		明御史丁瑄击斩

陈鉴湖	太平	王	泰定	1448.11 1449.4	（明） 正统 十三年	处州	6月		明大理寺少卿张骥招降，斩于北京
黄萧养			东阳	1449	（明） 正统 十四年	广州			明都督董兴讨伐，黄萧养中流矢死
李珍			天顺	1456	（明） 景泰 七年	钱塘			
李添保	唐	王	武烈		（明） 天顺				明贵州总兵官李震击擒
刘通（刘千金）	汉	王	德胜	1465.4 1466.5	（明） 成化 元年	南漳	1年		明兵部尚书白圭击擒磔于北京
满四		招贤王		1468.4 1468.11	（明） 成化 四年	石城	8月	李俊任顺理王	明都御史项忠击擒斩于北京
李胡子（李原）	太平	王		1470.10 1471.11	（明） 成化 六年	荆襄	1年		明都御史项忠击擒斩于北京

十六世纪

蓝天瑞		顺天王		1509.12 1511.6	（明） 正德 四年	保宁	1年 7月		明总制尚书洪钟诱斩
鄢本恕		刮地王		1509.12 1511.6	（明） 正德 四年	红口	1年 7月		明总制尚书洪钟诱斩
廖惠		扫地王		1509.12 1510.4	（明） 正德 四年	通江	5月		明巡抚都御史林俊擒斩

曹甫		顺天王		1511.1 1511.1	(明) 正德 六年	江津	1月		明巡抚都御史林俊击斩
朱宸濠	明	帝	顺德	1519.6 1519.7	(明) 正德 十四年	南昌	2月	明宁王	明副都御史王守仁击擒斩于北京
张琏			造历	1559.7 1561.7	(明) 嘉靖 三十八年	饶平	2年 1月		明参将俞大猷击斩

十七世纪

奢崇明	梁	王	瑞应	1621.9 1629.8	(明) 天启 元年	永宁	8年	安邦彦任四裔大长老	
万俟德			元静	1622	(明) 天启 二年	蔚州			
徐鸿儒		中兴福烈皇帝	兴胜	1622.5 1622.10	(明) 天启 二年	邹县	6月		其将执之降明磔死
刘永明		安民王		1622.7 1622.7	(明) 天启 二年	艾山	1月		明兵擒斩
张惟元			永兴	1628	(明) 崇祯 元年	广东			
高迎祥		闯王		1629.10 1636.7	(明) 崇祯 二年	延安	6年 10月		明陕西巡抚孙传庭击擒磔死北京
张普薇		天运		1637	(明) 崇祯 十年				

张献忠	西	王	义武 1643 大顺 1644	1643.3 1646.12	（明） 崇祯 十六年	成都	3 年 8 月	孙可望 任平东 将军	清兵击斩 于四川省 盐亭县凤 凰坡
李自成	顺	帝	永昌	1644.1 1645.9	（明） 崇祯 十七年	北京	9 月	追尊李 继迁为 太祖	兵败于清， 为湖北省 九宫山乡 民所杀
刘守分			天定	1644.9 1644.9	（明） 崇祯 十七年				
胡守龙			清光	1645.6 1645.6	（清） 顺治 二年	陕西	1 月		兵败被杀
朱聿鐭	明	帝	绍武	1646.11 1646.12	（明） 隆武 二年	广州	2 月	明唐王	清兵陷广 州，自缢 死
蒋尔恂			中兴	1647 1647	（清） 顺治 四年	蠡县			兵败被杀
萧惟堂			天顺	1661 1661	（清） 顺治 十八年	建宁			兵败被杀
王耀祖			大庆	1665.3 1665.3	（清） 康熙 四年	新与	1 月		兵败被杀
吴三桂	周	帝	昭武 1678	1673.11 1678.8	（清） 康熙 十二年	衡州	4 年 10 月		病卒，孙 吴世璠嗣
杨起隆			广德	1673.12 1673.12	（清） 康熙 十二年	北京	数日	称朱三 太子	事败逃亡， 不知所终

吴世璠	周	帝	洪化	1678.8 1681.9	(清) 康熙 十七年	衡州	3年	夏汉相任丞相	兵败,自缢死

十八世纪

朱文非	明	王	永兴	1706.9 1706.9	(清) 康熙 四十五年	云南	1月	明二十任帝朱由榔之孙	事败被杀
朱一贵	明	中兴王	永和	1721.5 1721.6	(清) 康熙 六十年	台南	50日		清水师提督施世骠击擒,磔死北京
林爽文	明	王	顺天	1786.12 1788.1	(清) 乾隆 五十一年	彰化	1年 2月	王作任征北大元帅	清陕甘总督福康安擒斩
吴八月	吴	王		1795.1 1795.11	(清) 乾隆 六十年	平陇	11月	称吴三桂后	其将吴陇登执之降清
黎树		万利王	大庆	1797.2 1797.2	(清) 嘉庆 二年	湖北	1月		兵败被杀

十九世纪

蔡牵		镇海威武王	光明	1805.4 1809.8	(清) 嘉庆 十年	沪尾	5年 5月		兵败自沉于海
张丙		开国大元帅	天运	1832.9 1832.12	(清) 道光 十二年	嘉义	4月		兵败被杀
林恭			天德	1853.4 1853.6	(清) 咸丰 三年	凤山	3月		兵败被杀

刘丽川	明	统理大元帅	天运	1853.8 1853.9	（清） 咸丰 三年	上海	2 月		兵败逃亡
戴潮春		东王		1862.3 1863.12	（清） 同治 元年	彰化	1 年 10 月	林日成南王 陈弄西王 洪欉北王	兵败被杀
任柱		鲁王		1863.1 1867.10	（清） 同治 二年		4 年 10 月	（捻军）	为亲兵潘贵升刺死
赖汶光		遵王		1863.1 1867.12	（清） 同治 二年		5 年	（捻军）	兵败降清被杀
妥得璘（妥明）		清真王		1865.2 1870.8	（清） 同治 四年	乌鲁木齐	5 年 7 月	索焕章任元帅	病卒
布士尔克（布苏洛）		王		1865 1867	（清） 同治 四年	喀什噶尔	3 年		赴麦加朝圣
雅克布白克（阿古柏）	喀什喀尔汗国	毕讽勒特汗		1867.5 1877.4	（清） 同治 六年	喀什噶尔	10 年		兵败于清，服毒死，子伯克服里嗣
阿布脱剌		王		1869 1871.5	（清） 同治 八年	伊犁	3 年		俄军入侵，降俄
伯克胡里（哎哥）	喀什喀尔汗国	汗		1877.4 1878.2	（清） 光绪 三年	喀什噶尔	11 月	阿古柏之子	为清所败，奔俄国
唐景崧		总统	永清	1895.4 1895.8	（清） 光绪 二十一年	台北	5 月		兵败于日本，奔返中国

二、历代年号表

(“草”指草莽帝王·其下数字指世纪)

二画

字别	年号	年代	·王朝帝序·	帝王
丁	丁丑	617·	草七	·窦建德

三画

大	大兴	318·	晋七	·司马睿
		431·	北燕三	·冯弘
	大亨	402·	晋十六	·司马德宗
	大明	457·	南宋五	·刘骏
	大通	527·	南梁一	·萧衍
	大同	535·	南梁一	·萧衍
		947·	辽二	·耶律德光
	大宝	550·	南梁二	·萧纲
		958·	南汉四	·刘继兴
	大定	555·	南梁七	·萧詧
		581·	北周五	·宇文阐
		1161·	金五	·完颜雍
		1361·	陈汉一	·陈友谅
	大统	535·	北魏十六	·元宝炬
	大成	579·	北周四	·宇文赟
	大象	579·	北周五	·宇文阐
	大业	605·	隋二	·杨广
	大历	766·	唐十一	·李豫
	大中	847·	唐十九	·李忱
	大顺	890·	唐二十二	·李晔
		1644·	草十七	·张献忠
	大足	701·	南周一	·武曌

	大和	929 ·	南吴二	·杨溥
	大有	928 ·	南汉一	·刘龑
	大安	1075 ·	西夏三	·李秉常
		1085 ·	辽八	·耶律洪基
		1209 ·	金七	·完颜永济
	大观	1107 ·	宋八	·赵佶
	大庆	1036 ·	西夏一	·李元昊
		1140 ·	西夏五	·李仁孝
		1665 ·	草十七	·王耀祖
		1797 ·	草十八	·黎树
	大德	544 ·	草六	·李贲
		1135 ·	西夏四	·李乾顺
		1297 ·	元八	·铁木儿
	大义	1360 ·	陈汉一	·陈友谅
	大乘	515 ·	草六	·释法庆
	大世	614 ·	草七	·刘迦论
	大中祥符	1008 ·	宋三	·赵恒
上	上元	674 ·	唐三	·李治
		760 ·	唐十	·李亨
	上愿	535 ·	草六	·鲜于琛
久	久视	700 ·	南周一	·武曌
义	义熙	405 ·	晋十六	·司马德宗
	义和	431 ·	北凉二	·沮渠蒙逊
	义宁	617 ·	隋四	·杨侑
	义嘉	466 ·	草五	·刘子勋
	义武	1643 ·	草十七	·张献忠
万	万历	1573 ·	明十四	·朱翊钧
	万乘	1280 ·	草十三	·杜可用
	万岁登封	696 ·	南周一	·武曌

	万岁通天	696·	南周一	·武曌
广	广运	586·	南梁九	·萧琮
		974·	后汉六	·刘继元
		1034·	西夏一	·李元昊
	广德	763·	唐十一	·李豫
		1673·	草十七	·杨起隆
	广明	880·	唐二十一	·李儇
	广顺	951·	后周一	·郭威
	广政	938·	后蜀二	·孟仁赞
	广安	526·	草六	·葛荣

四画

元	元光	前134·	西汉七	·刘彻
		393·	草四	·窦冲
		1222·	金八	·完颜珣
	元朔	前128·	西汉七	·刘彻
	元狩	前122·	西汉七	·刘彻
	元鼎	前116·	西汉七	·刘彻
	元封	前110·	西汉七	·刘彻
	元凤	前80·	西汉八	·刘弗陵
	元平	前74·	西汉八	·刘弗陵
	元康	前65·	西汉十	·刘询
		291·	晋二	·司马衷
	元延	前12·	西汉十二	·刘骜
	元寿	前2·	西汉十三	·刘欣
	元始	1·	西汉十四	·刘衎
	元兴	105·	东汉四	·刘肇
		264·	东吴四	·孙皓
		402·	晋十六	·司马德宗
	元初	114·	东汉六	·刘祜

	元嘉	151 ·	东汉十一	· 刘志
		424 ·	南宋三	· 刘义隆
	元熙	304 ·	汉赵一	· 刘渊
		419 ·	晋十七	· 司马德文
	元玺	352 ·	前燕二	· 慕容儁
	元徽	473 ·	南宋八	· 刘昱
	元象	538 ·	北魏十六	· 元善见
	元和	84 ·	东汉三	· 刘炟
		806 ·	唐十四	· 李纯
	元丰	1078 ·	宋六	· 赵顼
	元祐	1086 ·	宋七	· 赵煦
	元符	1098 ·	宋七	· 赵煦
	元德	1120 ·	西夏四	· 李乾顺
	元贞	1295 ·	元八	· 铁木儿
	元统	1213 ·	草十三	· 耶律留哥
		1333 ·	元十八	· 脱欢铁木儿
	元静	1622 ·	草十七	· 万俟德
太	太初	前 104 ·	西汉七	· 刘彻
		前 5 ·	西汉十三	· 刘欣
		386 ·	前秦五	· 苻登
		388 ·	西秦二	· 乞伏乾归
		397 ·	南凉一	· 秃发乌孤
		453 ·	南宋四	· 刘劭
	太和	227 ·	曹魏二	· 曹叡
		328 ·	后赵一	· 石勒
		344 ·	成汉五	· 李势
		366 ·	晋十三	· 司马奕
		477 ·	北魏七	· 元宏
		827 ·	唐十七	· 李昂
	太始	前 96 ·	西汉七	· 刘彻
		355 ·	前凉六	· 张玄靓

	551·	草六	·侯景
太元	251·	东吴一	·孙权
	324·	前凉二	·张骏
	376·	晋十五	·司马曜
太平	256·	东吴二	·孙亮
	300·	草四	·赵廞
	403·	草五	·王始
	409·	北燕二	·冯跋
	556·	南梁六	·萧方智
	616·	草七	·林士弘
	1021·	辽六	·耶律隆绪
太康	280·	晋一	·司马炎
	1075·	辽八	·耶律洪基
太熙	290·	晋一	·司马炎
太安	302·	晋四	·司马衷
	385·	前秦四	·苻丕
	386·	后凉一	·吕光
	455·	北魏五	·拓跋濬
太宁	323·	晋八	·司马绍
	349·	后赵三	·石虎
	561·	北齐四	·高湛
太上	405·	南燕二	·慕容超
太清	363·	前凉七	·张天锡
	547·	南梁一	·萧衍
太建	569·	陈四	·陈顼
太延	435·	北魏三	·拓跋焘
太昌	532·	北魏十五	·元修
太极	712·	唐八	·李旦
太平真君	440·	北魏三	·拓跋焘
太平兴国	976·	宋二	·赵光义

天	天汉	前 100 ·	西汉七	· 刘彻
		917 ·	前蜀一	· 王建
	天凤	14 ·	新一	· 王莽
	天册	275 ·	东吴四	· 孙皓
	天玺	276 ·	东吴四	· 孙皓
		399 ·	北凉一	· 段业
	天纪	277 ·	东吴四	· 孙皓
	天监	502 ·	南梁一	· 萧衍
	天正	551 ·	南梁三	· 萧栋
		552 ·	草六	· 萧纪
		1161 ·	草十二	· 移剌窝干
	天成	555 ·	南梁五	· 萧渊明
		926 ·	后唐二	· 李嗣源
	天保	550 ·	北齐一	· 高洋
		562 ·	南梁八	· 萧岿
	天嘉	560 ·	陈二	· 陈蒨
	天康	566 ·	陈二	· 陈蒨
	天兴	398 ·	北魏一	· 拓跋珪
		617 ·	草七	· 刘武周
		1147 ·	草十二	· 鄂罗
		1232 ·	金九	· 完颜守绪
	天赐	404 ·	北魏一	· 拓跋珪
	天安	466 ·	北魏六	· 拓跋弘
	天平	534 ·	北魏十六	· 元善见
	天统	528 ·	草六	· 邢杲
		565 ·	北齐五	· 高纬
		1362 ·	明夏一	· 明玉珍
	天和	566 ·	北周三	· 宇文邕
	天宝	742 ·	唐九	· 李隆基
		908 ·	吴越一	· 钱镠

天复	901·	唐二十四	·李晔
	1123·	草十二	·回离保
天祐	904·	唐二十四	·李晔
	1353·	草十四	·张士诚
天授	527·	草六	·刘获
	690·	南周一	·武曌
天福	936·	晋一	·石敬瑭
天会	957·	后汉四	·刘承钧
	1123·	金二	·完颜晟
天祚	935·	南吴二	·杨溥
天德	943·	闽四	·王延政
	1149·	金四	·完颜亮
	1216·	草十三	·耶律金山
	1853·	草十九	·林恭
天赞	922·	辽一	·耶律阿保机
天显	927·	辽三	·耶律德光
天禄	947·	辽三	·耶律兀欲
天庆	1029·	草十一	·大延琳
	1111·	辽九	·耶律延禧
	1193·	西夏六	·李纯祐
天禧	1017·	宋三	·赵恒
	1179·	辽十四	·耶律直鲁古
天圣	1023·	宋四	·赵受益
天盛	1147·	西夏五	·李仁孝
天辅	1117·	金一	·完颜旻
天眷	1138·	金三	·完颜亶
天顺	1214·	草十三	·杨安儿
	1328·	元十三	·阿速吉八
	1456·	草十五	·李珍
	1457·	明八	·朱祁镇

		1661 ·	草十七	· 萧惟堂
	天历	1328 ·	元十四	· 图铁木儿
	天元	1379 ·	元二十	· 脱古思铁木儿
	天启	525 ·	草六	· 元法僧
		558 ·	草六	· 萧庄
		1621 ·	明十六	· 朱由校
	天命	1616 ·	清一	· 努尔哈赤
	天聪	1627 ·	清二	· 皇太极
	天建	524 ·	草六	· 莫折念生
	天寿	618 ·	草七	· 宇文化及
	天造	622 ·	草七	· 刘黑闼
	天明	623 ·	草七	· 辅公祏
	天皇	784 ·	草八	· 朱泚
	天嗣	1123 ·	草十二	· 萧干
	天载	1130 ·	草十二	· 钟相
	天泰	1215 ·	草十三	· 富察万努
	天威	1216 ·	草十三	· 耶律斯布
	天定	1359 ·	草十四	· 徐真一
		1644 ·	草十七	· 刘守分
	天运	1637 ·	草十七	· 张普薇
		1832 ·	草十九	· 张丙
		1853 ·	草十九	· 刘丽川
	天册万岁	695 ·	南周一	· 武曌
	天祐垂圣	1050 ·	西夏二	· 李谅祚
	天安礼定	1086 ·	西夏三	· 李秉常
	天仪治平	1087 ·	西夏四	· 李乾顺
	天祐民安	1091 ·	西夏四	· 李乾顺
	天授礼法延祚	1038 ·	西夏一	· 李元昊
	天赐礼盛国庆	1070 ·	西夏三	· 李秉常
中	中元	56 ·	东汉一	· 刘秀

	中平	184·	东汉十二	·刘宏
	中兴	386·	西燕七	·慕容永
		501·	南齐七	·萧宝融
		531·	北魏十四	·元朗
		958·	南唐二	·李璟
		1647·	草十七	·蒋尔恂
	中和	881·	唐二十一	·李儇
	中统	1260·	元七	·忽必烈
	中大通	529·	南梁一	·萧衍
	中大同	546·	南梁一	·萧衍
	中元克复	710·	草八	·李重福
五	五凤	前57·	西汉十	·刘询
		254·	东吴二	·孙亮
		618·	草七	·窦建德
升	升平	357·	晋十一	·司马聃
仁	仁寿	601·	隋一	·杨坚
	仁庆	1144·	西夏五	·李仁孝
文	文明	684·	唐五	·李旦
	文德	888·	唐二十一	·李儇
王	王霸	878·	草九	·黄巢
化	化顺	1007·	草十一	·王均
长	长乐	399·	后燕三	·慕容盛
	长庆	821·	唐十五	·李恒
	长寿	692·	南周一	·武曌
	长安	701·	南周一	·武曌
	长兴	930·	后唐二	·李嗣源
升	升明	477·	南宋九	·刘准
	升元	937·	南唐一	·李昪
开	开皇	581·	隋一	·杨坚
	开耀	681·	唐三	·李治

	开元	713 ·	唐九	·李隆基
	开成	836 ·	唐十七	·李昂
	开平	907 ·	后梁一	·朱温
	开运	944 ·	后晋二	·石重贵
		1034 ·	西夏一	·李元昊
	开泰	1012 ·	辽六	·耶律隆绪
	开宝	968 ·	宋一	·赵匡胤
	开禧	1205 ·	宋十五	·赵扩
	开熙	1366 ·	明夏二	·明昇
	开庆	1259 ·	宋十六	·赵贵诚
	开兴	1234 ·	金九	·完颜守绪
	开明	619 ·	草七	·王世充
凤	凤凰	272 ·	东吴四	·孙皓
		370 ·	草四	·李弘
		386 ·	草四	·张大豫
	凤翔	413 ·	胡夏一	·赫连勃勃
	凤历	913 ·	后梁二	·朱友珪

五画

本	本始	前 73 ·	西汉十	·刘询
	本初	146 ·	东汉十	·刘缵
甘	甘露	前 53 ·	西汉十	·刘询
		256 ·	曹魏四	·曹髦
		265 ·	东吴四	·孙皓
		359 ·	前秦三	·苻坚
永	永光	前 43 ·	西汉十一	·刘奭
		455 ·	草五	·刘浑
		465 ·	南宋六	·刘子业
	永始	前 16 ·	西汉十二	·刘骜
		403 ·	草五	·桓玄

永元	89·	东汉四	·刘肇
	320·	前凉一	·张茂
	499·	南齐六	·萧宝卷
永初	107·	东汉六	·刘祜
	420·	南宋一	·刘裕
永宁	120·	东汉六	·刘祜
	301·	晋四	·司马衷
	350·	后赵七	·石祗
永建	126·	东汉八	·刘保
	420·	西凉三	·李恂
永和	136·	东汉八	·刘保
	345·	晋十一	·司马聃
	416·	后秦三	·姚泓
	433·	北凉三	·沮渠茂虔
	935·	闽一	·王延钧
	1721·	草十八	·朱一贵
永嘉	145·	东汉九	·刘炳
	307·	晋五	·司马炽
永兴	153·	东汉十一	·刘志
	304·	晋四	·司马衷
	350·	冉魏一	·冉闵
	357·	前秦三	·苻坚
	409·	北魏二	·拓跋嗣
	532·	北魏十五	·元修
	1628·	草十七	·张惟元
	1706·	草十八	·朱文非
永寿	155·	东汉十一	·刘志
永康	167·	东汉十一	·刘志
	300·	晋二	·司马衷
	396·	后燕二	·慕容宝

	412 ·	西秦二	·乞伏炽磐
永汉	189 ·	东汉十四	·刘协
	542 ·	草六	·刘敬躬
永安	258 ·	东吴三	·孙休
	304 ·	晋四	·司马衷
	401 ·	北凉二	·沮渠蒙逊
	528 ·	北魏十一	·元子攸
	1099 ·	西夏四	·李乾顺
永熙	290 ·	晋二	·司马衷
	532 ·	北魏十五	·元修
永平	58 ·	东汉二	·刘庄
	291 ·	晋二	·司马衷
	508 ·	北魏八	·元恪
	617 ·	草七	·李密
	911 ·	前蜀一	·王建
永昌	322 ·	晋七	·司马睿
	689 ·	唐五	·李旦
	1644 ·	草十七	·李自成
永凤	308 ·	汉赵一	·刘渊
永弘	428 ·	西秦四	·乞伏暮末
永乐	346 ·	前凉三	·张重华
	942 ·	草十	·张遇贤
	1120 ·	草十二	·方腊
	1403 ·	明三	·朱棣
永明	483 ·	南齐二	·萧赜
永泰	498 ·	南齐五	·萧鸾
	765 ·	唐十一	·李豫
永定	557 ·	陈一	·陈霸先
永徽	650 ·	唐三	·李治
永隆	617 ·	草七	·梁师都

		680·	唐三	·李治
		939·	闽三	·王延羲
	永淳	682·	唐三	·李治
	永贞	805·	唐十三	·李诵
	永历	1647·	明二十	·朱由榔
	永清	1895·	草十九	·唐景崧
正	正始	240·	曹魏三	·曹芳
		407·	北燕一	·高云
		504·	北魏八	·元恪
	正元	254·	曹魏四	·曹髦
	正平	451·	北魏三	·拓跋焘
		617·	草七	·郭子和
	正光	520·	北魏九	·元诩
	正德	1127·	西夏四	·李乾顺
		1506·	明十一	·朱厚照
	正隆	1156·	金四	·完颜亮
	正大	1224·	金九	·完颜守绪
	正统	1436·	明六	·朱祁镇
	正治	1297·	草十三	·陈空崖
	正朔	1355·	草十四	·赵普胜
玉	玉衡	311·	成汉一	·李雄
	玉恒	335·	成汉三	·李期
白	白雀	384·	后秦一	·姚苌
	白乌	613·	草七	·向海明
	白龙	925·	南汉一	·刘䶮
弘	弘始	399·	后秦二	·姚兴
	弘昌	402·	南凉三	·秃发傉檀
	弘道	683·	唐三	·李治
	弘治	1488·	明十	·朱祐樘
	弘光	1645·	明十八	·朱由崧

玄	玄始	412 ·	北凉二	·沮渠蒙逊
平	平赵	320 ·	草四	·句渠知
	平都	536 ·	草六	·王迢触
石	石平	576 ·	草六	·刘没铎
东	东阳	1499 ·	草十五	·黄萧养
圣	圣历	698 ·	南周一	·武曌
	圣君	471 ·	草五	·司马小君
	圣明	506 ·	草六	·陈瞻
	圣武	756 ·	草八	·安禄山
汉	汉复	23 ·	草一	·隗嚣
	汉安	142 ·	东汉八	·刘保
	汉兴	338 ·	成汉四	·李寿
	汉昌	318 ·	汉赵四	·刘粲
宁	宁康	373 ·	晋十五	·司马曜
仪	仪凤	676 ·	唐三	·李治
龙	龙兴	25 ·	成家一	·公孙述
		337 ·	草四	·侯子光
		1103 ·	草十二	·赵谂
	龙飞	396 ·	后凉一	·吕光
	龙升	407 ·	胡夏一	·赫连勃勃
	龙朔	661 ·	唐三	·李治
	龙纪	885 ·	草九	·秦宗权
		889 ·	唐二十二	·李晔
	龙德	921 ·	后梁三	·朱友贞
	龙启	933 ·	闽一	·王延钧
	龙凤	1355 ·	韩宋一	·韩林儿

六画

安	安乐	618 ·	草七	·李轨
	安定	1289 ·	草十三	·杨镇龙

地	地节	前69·	西汉十	·刘询
	地皇	20·	新一	·王莽
光	光和	178·	东汉十二	·刘宏
	光熹	189·	东汉十三	·刘辩
	光熙	306·	晋四	·司马衷
	光兴	310·	汉赵三	·刘聪
	光初	318·	汉赵五	·刘曜
	光寿	357·	前燕二	·慕容儁
	光始	401·	后燕四	·慕容熙
	光大	567·	陈三	·陈伯宗
	光宅	684·	唐五	·李旦
	光启	885·	唐二十一	·李儇
	光化	898·	唐二十二	·李晔
	光天	918·	前蜀一	·王建
		942·	南汉二	·刘弘度
	光定	1211·	西夏八	·李遵顼
	光明	1805·	草十九	·蔡牵
	光绪	1875·	清十一	·载湉
至	至德	583·	陈五	·陈叔宝
		756·	唐十	·李亨
	至道	995·	宋二	·赵光义
	至和	1054·	宋四	·赵受益
	至宁	1213·	金七	·完颜永济
	至元	1264·	元七	·忽必烈
		1335·	元十八	·脱欢铁木儿
	至大	1308·	元九	·海山
	至治	1321·	元十一	·硕德八剌
	至顺	1330·	元十六	·图铁木儿
	至正	1341·	元十八	·脱欢铁木儿
先	先天	712·	唐九	·李隆基
如	如意	692·	南周一	·武曌

同	同光	923·	后唐一	·李存勖
	同治	1862·	清十	·载淳
交	交泰	958·	南唐二	·李璟
收	收国	1115·	金一	·完颜旻
成	成化	1465·	明九	·朱见深
贞	贞观	627·	唐二	·李世民
		1102·	西夏四	·李乾顺
	贞元	785·	唐十二	·李适
		1153·	金四	·完颜亮
	贞明	915·	后梁三	·朱友贞
	贞祐	1213·	金八	·完颜珣
阳	阳朔	前 24·	西汉十二	·刘骜
	阳嘉	132·	东汉八	·刘保
会	会昌	841·	唐十八	·李炎
	会同	937·	辽二	·耶律德光
庆	庆历	1041·	宋四	·赵受益
	庆元	1195·	宋十五	·赵扩
兴	兴平	194·	东汉十四	·刘协
		486·	草五	·唐寓之
	兴宁	363·	晋十二	·司马丕
	兴安	452·	北魏	·拓跋濬
	兴光	454·	北魏五	·拓跋濬
	兴和	539·	北魏十六	·元善见
	兴元	784·	唐十二	·李适
	兴定	1217·	金八	·完颜珣
	兴隆	1215·	草十三	·张致
	兴胜	1622·	草十七	·徐鸿儒

七画

更	更始	23·	玄汉一	·刘玄
		385·	西燕二	·慕容冲
		409·	西秦二	·乞伏乾归
	更兴	530·	草六	·元悦
赤	赤乌	238·	东吴一	·孙权
	赤符	1337·	草十四	·朱光卿
孝	孝建	454·	南宋五	·刘骏
	孝昌	525·	北魏九	·元诩
	孝基	528·	草六	·元颢
身	身圣	1196·	草十二	·耶律德寿
初	初元	前48·	西汉十一	·刘奭
	初始	8·	西汉十五	·刘婴
	初平	190·	东汉十四	·刘协
进	进通	623·	草七	·王摩沙
启	启历	1052·	草十一	·侬智高
证	证圣	695·	南周一	·武曌
寿	寿光	355·	前秦二	·苻生
	寿昌	1095·	辽八	·耶律洪基
应	应顺	934·	后唐三	·李从厚
	应天	761·	草八	·史思明
		783·	草八	·朱泚
		911·	桀燕一	·刘守光
		1206·	西夏七	·李安全
	应乾	943·	南汉三	·刘弘熙
	应历	951·	辽四	·耶律述律
	应运	994·	草十	·李顺

八画

征	征和	前92·	西汉七	·刘彻

始	始元	前 86 ·	西汉八	· 刘弗陵
	始光	424 ·	北魏三	· 拓跋焘
	始兴	616 ·	草七	· 操师乞
		618 ·	草七	· 高开道
	始建国	9 ·	新一	· 王莽
河	河平	前 28 ·	西汉十二	· 刘骜
	河瑞	309 ·	汉赵一	· 刘渊
	河清	562 ·	北齐四	· 高湛
居	居摄	6 ·	西汉十五	· 刘婴
延	延平	106 ·	东汉五	· 刘隆
		397 ·	草四	· 慕容麟
	延光	122 ·	东汉六	· 刘祜
	延熹	158 ·	东汉十一	· 刘志
	延康	220 ·	东汉十四	· 刘协
		619 ·	草七	· 沈法兴
		1283 ·	草十三	· 林桂芳
	延熙	238 ·	蜀汉二	· 刘禅
		334 ·	后赵二	· 石弘
	延初	394 ·	前秦六	· 苻崇
	延兴	494 ·	南齐四	· 萧昭文
		471 ·	北魏七	· 元宏
	延和	432 ·	北魏三	· 拓跋焘
		712 ·	唐八	· 李旦
	延昌	512 ·	北魏八	· 元恪
	延载	694 ·	南周一	· 武曌
	延庆	1125 ·	辽十	· 耶律大石
	延祐	1314 ·	元十	· 爱育黎拔力八达
	延嗣宁国	1049 ·	西夏二	· 李谅祚
和	和平	150 ·	东汉十一	· 刘志
		354 ·	前凉五	· 张祚

		460 ·	北魏五	·拓跋濬
青	青龙	233 ·	曹魏二	·曹叡
		350 ·	后赵六	·石鉴
		398 ·	草四	·兰汗
炎	炎兴	263 ·	蜀汉二	·刘禅
昌	昌平	386 ·	西燕三	·段随
	昌武	418 ·	胡夏一	·赫连勃勃
	昌达	618 ·	草七	·朱粲
	昌泰	1281 ·	草十三	·陈吊眼
承	承光	425 ·	胡夏二	·赫连昌
		577 ·	北齐六	·高恒
	承玄	428 ·	北凉二	·沮渠蒙逊
	承圣	552 ·	南梁四	·萧绎
	承平	452 ·	北魏四	·拓跋余
	承明	476 ·	北魏七	·元宏
	承安	1196 ·	金六	·完颜璟
武	武太	528 ·	北魏十	·元钊
	武定	543 ·	北魏十六	·元善见
	武平	570 ·	北齐五	·高纬
		577 ·	草六	·高绍义
	武成	559 ·	北周二	·宇文毓
		784 ·	草八	·李希烈
		908 ·	前蜀一	·王建
	武德	618 ·	唐一	·李渊
	武义	919 ·	南吴一	·杨渭
	武烈		草十五	·李添保
法	法轮	618 ·	草七	·高昙成
金	金统	880 ·	草九	·黄巢
庚	庚子	400 ·	西凉一	·李暠
明	明德	934 ·	后蜀一	·孟知祥

	明道	1032·	宋四	·赵受益
	明受	1129·	宋十一	·赵敷
	明昌	1190·	金六	·完颜璟
	明政	619·	草七	·李子通
治	治平	1064·	宋五	·赵宗实
		1351·	天完一	·徐寿辉
阜	阜昌	1131·	刘齐一	·刘豫
定	定鼎	391·	草四	·翟钊
鸣	鸣凤	617·	草七	·萧铣
转	转运	1207·	草十三	·吴曦
罗	罗平	860·	草九	·裘甫
		1179·	草十二	·李接
宝	宝鼎	266·	东吴四	·孙皓
	宝胜	762·	草八	·袁晁
	宝应	762·	唐十	·李亨
	宝历	825·	唐十六	·李湛
	宝大	924·	吴越一	·钱镠
	宝正	926·	吴越一	·钱镠
	宝元	1038·	宋四	·赵受益
	宝庆	1225·	宋十六	·赵贵诚
	宝祐	1253·	宋十六	·赵贵诚
	宝义	1226·	西夏十	·李晛
绍	绍泰	555·	南梁六	·萧方智
	绍兴	1131·	宋十二	·赵构
		1152·	辽十二	·耶律夷列
	绍圣	1094·	宋七	·赵煦
	绍熙	1190·	宋十四	·赵惇
	绍定	1228·	宋十六	·赵贵诚
	绍汉	237·	草三	·公孙渊
	绍武	1646·	草十七	·朱聿鐭

九画

建	建元	前140·	西汉七	·刘彻
		315·	汉赵三	·刘聪
		343·	晋十	·司马岳
		365·	前秦三	·苻坚
		479·	南齐一	·萧道成
	建昭	前38·	西汉十一	·刘奭
	建始	前32·	西汉十二	·刘骜
		25·	草一	·刘盆子
		301·	晋三	·司马伦
		397·	草四	·慕容详
		403·	草五	·桓玄
		407·	后燕四	·慕容熙
	建平	前6·	西汉十三	·刘欣
		330·	后赵一	·石勒
		386·	西燕五	·慕容瑶
		398·	后燕三	·慕容盛
		400·	南燕一	·慕容德
		415·	草五	·白亚栗斯
		454·	草五	·刘义宣
		508·	草六	·元愉
	建武	25·	东汉一	·刘秀
		304·	晋四	·司马衷
		317·	晋七	·司马睿
		335·	后赵三	·石虎
		386·	西燕六	·慕容忠
		494·	南齐五	·萧鸾
		529·	草六	·元颢
	建光	121·	东汉六	·刘祜

建康	144 ·	东汉八	· 刘保
	319 ·	草四	· 司马保
建和	147 ·	东汉十一	· 刘志
	400 ·	南凉二	· 秃发利鹿孤
建宁	168 ·	东汉十二	· 刘宏
建安	196 ·	东汉十四	· 刘协
建衡	269 ·	东吴四	· 孙皓
建初	76 ·	东汉三	· 刘炟
	303 ·	成汉始祖	· 李特
	386 ·	后秦一	· 姚苌
	405 ·	西凉一	· 李暠
建义	385 ·	西秦一	· 乞伏国仁
	436 ·	草五	· 杨难当
	500 ·	草六	· 雍道晞
	528 ·	北魏十一	· 元子攸
建弘	420 ·	西秦三	· 乞伏炽磐
建熙	360 ·	前燕三	· 慕容暐
建明	386 ·	西燕四	· 慕容顗
	506 ·	草六	· 吕苟儿
	530 ·	北魏十二	· 元晔
建兴	223 ·	蜀汉二	· 刘禅
	252 ·	东吴二	· 孙亮
	304 ·	成汉一	· 李雄
	313 ·	晋六	· 司马邺
	386 ·	后燕一	· 慕容垂
建国	338 ·	北魏高祖	· 拓跋什翼犍
建德	572 ·	北周三	· 宇文邕
建中	780 ·	唐十二	· 李适
建隆	960 ·	宋一	· 赵匡胤
建炎	1127 ·	宋十	· 赵构

	建文	1399·	明二	·朱允炆
	建昌	352·	草四	·张琚
	建光	388·	草四	·翟辽
	建贞	886·	草九	·李煴
	建福	1122·	草十三	·耶律淳
	建中靖国	1101·	宋八	·赵佶
神	神爵	前61·	西汉十	·刘询
	神凤	252·	东吴一	·孙权
		303·	草四	·刘尼
	神鼎	401·	后凉四	·吕隆
	神玺	397·	北凉一	·段业
	神瑞	414·	北魏二	·拓跋嗣
	神䴥	428·	北魏三	·拓跋焘
	神龟	518·	北魏九	·元诩
	神龙	705·	南周一	·武曌
	神功	697·	南周一	·武曌
	神册	916·	辽一	·耶律阿保机
	神嘉	525·	草六	·刘蠡升
	神兽	528·	草六	·万俟丑奴
	神历	1123·	草十二	·耶律雅里
昭	昭宁	189·	东汉十三	·刘辩
	昭武	1673·	草十七	·吴三桂
咸	咸熙	264·	曹魏五	·曹奂
	咸宁	275·	晋一	·司马炎
		399·	后凉三	·吕纂
	咸和	326·	晋九	·司马衍
	咸康	335·	晋九	·司马衍
		925·	前蜀二	·王衍
	咸安	371·	晋十四	·司马昱
	咸亨	670·	唐三	·李治

	咸通	860 ·	唐二十	·李漼
	咸雍	1065 ·	辽八	·耶律洪基
	咸清	1136 ·	辽十一	·萧塔不烟
	咸平	998 ·	宋三	·赵恒
	咸淳	1265 ·	宋十七	·赵孟启
	咸丰	1851 ·	清九	·奕訢
皇	皇始	351 ·	前秦一	·苻健
		396 ·	北魏一	·拓跋珪
	皇初	394 ·	后秦二	·姚兴
	皇兴	467 ·	北魏六	·拓跋弘
	皇建	560 ·	北齐三	·高演
		1210 ·	西夏七	·李安全
	皇泰	618 ·	隋五	·杨侗
	皇德	1159 ·	辽十三	·耶律布沙堪
	皇祐	1049 ·	宋四	·赵受益
	皇统	1141 ·	金三	·完颜亶
	皇庆	1312 ·	元十	·爱育黎拔力八达
保	保定	561 ·	北周三	·宇文邕
	保大	943 ·	南唐二	·李璟
		1121 ·	辽九	·耶律延禧
	保宁	969 ·	辽五	·耶律贤
宣	宣政	578 ·	北周三	·宇文邕
	宣和	1119 ·	宋八	·赵佶
	宣光	1371 ·	元十九	·爱猷识理达腊
	宣德	1426 ·	明五	·朱瞻基
	宣统	1909 ·	清十二	·溥仪
垂	垂拱	685 ·	唐五	·李旦
重	重熙	1032 ·	辽七	·耶律宗真
	重德	1171 ·	辽十三	·耶律布沙堪
	重和	1118 ·	宋八	·赵佶

拱	拱化	1063·	西夏二	·李谅祚
洪	洪武	1368·	明一	·朱元璋
	洪熙	1425·	明四	·朱高炽
	洪化	1678·	草十七	·吴世璠
政	政和	1111·	宋八	·赵佶
顺	顺义	921·	南吴二	·杨溥
	顺治	1644·	清三	·福临
	顺天	759·	草八	·史思明
		895·	草九	·董昌
		1215·	草十三	·郝定
		1786·	草十八	·林爽文
	顺德	1519·	草十六	·朱宸濠
胜	胜光	428·	胡夏三	·赫连定
统	统和	983·	辽六	·耶律隆绪
总	总章	668·	唐三	·李治
显	显庆	656·	唐三	·李治
	显圣	761·	草八	·史朝义
	显德	954·	后周一	·郭威
	显道	1032·	西夏一	·李元昊

十画

泰	泰始	265·	晋一	·司马炎
		432·	草五	·程道养
		465·	南宋七	·刘彧
	泰豫	472·	南宋七	·刘彧
	泰常	416·	北魏二	·拓跋嗣
	泰和	1201·	金六	·完颜璟
	泰定	1324·	元十二	·也孙铁木儿
		1448 八·	草十五	·陈鉴湖
	泰昌	1620·	明十五	·朱常洛

秦	秦兴	617 ·	草七	·薛举
宴	宴平	306 ·	成汉一	·李雄
真	真兴	419 ·	胡夏一	·赫连勃勃
	真王	523 ·	草六	·破六韩拔陵
		525 ·	草六	·杜洛周
唐	唐隆	710 ·	唐七	·李重茂
通	通正	916 ·	前蜀一	·王建
	通文	936 ·	闽二	·王继鹏
	通圣	617 ·	草七	·曹武彻
祥	祥兴	1278 ·	宋二十	·赵昺
		1283 ·	草十三	·黄华
致	致和	1328 ·	元十二	·也孙铁木儿
造	造历	1559 ·	草十六	·张琏
绥	绥和	前 8 ·	西汉十二	·刘骜
载	载初	690 ·	唐五	·李旦
		757 ·	草八	·安庆绪
祯	祯明	587 ·	陈五	·陈叔宝
调	调露	679 ·	唐三	·李治

十一画

竟	竟宁	前 33 ·	西汉十一	·刘奭
章	章和	87 ·	东汉三	·刘炟
	章武	221 ·	蜀汉一	·刘备
康	康国	1127 ·	辽十	·耶律大石
	康定	1040 ·	宋四	·赵受益
	康熙	1662 ·	清四	·玄烨
	康德	1934 ·	满洲一	·溥仪
崇	崇福	1165 ·	辽十三	·耶律布沙堪
	崇宁	1102 ·	宋八	·赵佶
	崇庆	1212 ·	金七	·完颜永济

	崇祯	1628 ·	明十七	·朱由检
	崇德	1636 ·	清二	·皇太极
乾	乾明	560 ·	北齐二	·高殷
	乾封	666 ·	唐三	·李治
	乾元	758 ·	唐十	·李亨
	乾符	874 ·	唐二十一	·李儇
	乾宁	894 ·	唐二十二	·李晔
	乾化	911 ·	后梁一	·朱温
	乾祐	948 ·	后汉一	·刘知远
		1170 ·	西夏五	·李仁孝
	乾德	624 ·	草七	·辅公祏
		919 ·	前蜀二	·王衍
		963 ·	宋一	·赵匡胤
	乾贞	927 ·	南吴二	·杨溥
	乾亨	917 ·	南汉一	·刘龑
		979 ·	辽四	·耶律贤
	乾和	943 ·	南汉三	·刘弘熙
	乾统	1101 ·	辽九	·耶律延禧
	乾兴	1022 ·	宋三	·赵恒
	乾道	1068 ·	西夏三	·李秉常
		1165 ·	宋十三	·赵伯琮
	乾定	1223 ·	西夏九	·李德旺
	乾隆	1736 ·	清六	·弘历
清	清泰	934 ·	后唐四	·李从珂
	清宁	1055 ·	辽八	·耶律洪基
	清光	1645 ·	草十七	·胡守龙
淳	淳化	990 ·	宋二	·赵光义
	淳熙	1174 ·	宋十三	·赵伯琮
	淳祐	1241 ·	宋十六	·赵贵诚
盛	盛昌	1234 ·	金十	·完颜承麟

黑	黑龙	374 ·	草四	·张育
得	得圣	1047 ·	草十一	·王则
黄	黄龙	前 49 ·	西汉十	·刘询
		229 ·	东吴一	·孙权
		761 ·	草八	·段子璋
	黄初	220 ·	曹魏一	·曹丕
	黄武	222 ·	东吴一	·孙权
鸿	鸿嘉	前 20 ·	西汉十二	·刘骜
隆	隆和	362 ·	晋十二	·司马丕
	隆安	397 ·	晋十六	·司马德宗
	隆昌	494 ·	南齐三	·萧昭业
	隆化	576 ·	北齐五	·高纬
	隆兴	1163 ·	宋十三	·赵伯琮
	隆庆	1567 ·	明十三	·朱载垕
	隆武	1645 ·	明十九	·朱聿键
	隆绪	527 ·	草六	·萧宝寅
	隆基	1116 ·	草十二	·高永昌

十二画

景	景初	237 ·	曹魏二	·曹叡
	景元	260 ·	曹魏五	·曹奂
	景耀	258 ·	蜀汉二	·刘禅
	景平	423 ·	南宋二	·刘义符
	景和	465 ·	南宋六	·刘子业
	景明	500 ·	北魏八	·元恪
	景龙	707 ·	唐六	·李显
	景云	710 ·	唐八	·李旦
	景福	892 ·	唐二十二	·李晔
		1031 ·	辽七	·耶律宗实
	景德	1004 ·	宋三	·赵恒

	景祐	1034·	宋四	·赵受益
	景定	1260·	宋十六	·赵贵诚
	景炎	1276·	宋十九	·赵昰
	景泰	1450·	明七	·朱祁钰
	景瑞	1049·	草十一	·侬智高
普	普通	520·	南梁一	·萧衍
	普泰	531·	北魏十三	·元恭
登	登国	386·	北魏一	·拓跋珪
道	道光	1821·	清八	·绵宁
鲁	鲁兴	526·	草六	·鲜于修礼

十三画

嗣	嗣圣	684·	唐四	·李显
瑞	瑞应	1621·	草十七	·奢崇明
雍	雍熙	984·	宋二	·赵光义
	雍宁	1115·	西夏四	·李乾顺
	雍正	1723·	清三	·胤禛
靖	靖康	1126·	宋九	·赵桓
福	福圣承道	1053·	西夏二	·李谅祚

十四画

嘉	嘉平	249·	曹魏三	·曹芳
		311·	汉赵三	·刘聪
		408·	南凉三	·秃发傉檀
	嘉禾	232·	东吴一	·孙权
	嘉宁	346·	成汉五	·李势
	嘉兴	417·	西凉二	·李歆
	嘉祐	1056·	宋四	·赵受益
	嘉泰	1201·	宋十五	·赵扩

	嘉定	1208 ·	宋十五	·赵扩
	嘉熙	1237 ·	宋十六	·赵贵诚
	嘉靖	1522 ·	明十二	·朱厚熜
	嘉庆	1796 ·	清七	·颙琰
熙	熙平	516 ·	北魏九	·元诩
	熙宁	1068 ·	宋六	·赵顼
端	端拱	988 ·	宋二	·赵光义
	端平	1234 ·	宋十六	·赵贵诚

十五画

德	德祐	1275 ·	宋十八	·赵显
	德寿	1363 ·	陈汉二	·陈理
	德昌	576 ·	草六	·高延宗
	德兴	1122 ·	草十二	·耶律定
	德胜	1465 ·	草十五	·刘通

十六画

熹	熹平	172 ·	东汉十二	·刘宏
燕	燕兴	384 ·	西燕一	·慕容泓

十九画

辫	辫都	1057 ·	西夏三	·李谅祚

二十三画

麟	麟嘉	316 ·	汉赵三	·刘聪
		389 ·	后凉一	·吕光
	麟德	664 ·	唐三	·李治